WANDERKARTE + APP

Die digitale Karte für das Smartphone

Map

Wanderkarte + App so geht's

Die perfekte Orientierung – immer wissen wo man ist.
Mit der digitalen Karte ist man stets auf dem richtigen Weg.

Schnell und einfach . . .

. . . dem Link folgen oder den QR-Code scannen.

www.kompass.de/app/karte

Hier gibt es die ausführliche Anleitung und alle Informationen zur Nutzung.

Available on the App Store

ANDROID APP ON Google play

Gratis:

- Zoombare Karte
- GPS – immer wissen, wo man ist

INHALTSVERZEICHNIS

Indice/Contents

DEUTSCH

ITALIANO

ENGLISH

OUTDOOR ACTIVITIES

HIKING TOURS

DEUTSCH/ITALIANO/ENGLISH

DETAILKARTEN

HÜTTEN UND ALMEN/BAITE E RIFUGI/ALPINE HUTS AND REFUGES

IMPRESSUM und Kontakt

ACTION

Für mutige Abenteurer

Alle Mutigen dürfen sich am Gardasee auf Adrenalinkicks freuen. Beim Klettern ist Körperspannung, Präzision, Schwindelfreiheit, Mut und mentale Stärke gefragt. In den Hochseilgärten gibt es Parcours in unterschiedlichen Schwierigkeitsgraden. Die mächtigen Felswände im nördlichen Bereich des Gardasees bieten sich aber auch hervorragend zum Sportklettern an. Wer lieber auf dem Boden bleibt, versucht sich im Kartfahren oder verbringt beim Canyoning einen actionreichen Tag im Wasser.

CANYONING | Ein abenteuerlustiges Erlebnis im wilden Wasser verspricht das Schluchtenwandern, auch Canyoning genannt. Zu Fuß folgt man einem natürlichen Wasserlauf, rutscht oder springt in Gumpen und seilt sich an Wasserfällen ab. Die Bergführer des Outdoor-Anbieters „Mmove-into nature" begleiten Abenteuerlustige auf den einfachen bis schwierigen Touren. So kommen sowohl Einsteiger als auch sportlich Ambitionierte voll auf ihre Kosten. Selbst Familien mit Kindern können an ausgewählten Touren teilnehmen. Drei bis acht Stunden ist man dabei unterwegs. Treffpunkt ist wahlweise in Arco, Riva del Garda oder Torbole, von wo es dann gemeinsam ins Ledrotal oder nach Tignale geht.

Mmove-into nature
Tel. +39 334 2193862
www.mmove.net

PARAGLEITEN (C/D 3/4) | Frei wie ein Vogel durch die Lüfte gleiten und den Blick nach unten über die Miniaturwelt schweifen lassen: das ist beim Paragleiten möglich. In Malcesine gibt es die Möglichkeit dazu, denn mit der Seilbahn erreicht man im Nu den Monte Baldo, wo es geeignete Startplätze gibt. Wer gerne einmal Höhenluft schnuppern möchte, bucht einen Tandemflug, der rund 20 bis 30 Minuten dauert. Um einen zusätzlichen Adrenalinkick zu bekommen, können auf Wunsch sogar Wing overs oder Steilspiralen gemacht werden. Damit dieser besondere Panoramaflug auch lange in Erinnerung bleibt, wird er auf Video festgehalten.

Fly2Fun
Tel. +39 334 9469757
www.tandemparagliding.eu

JUNGLE ADVENTURE PARK (C 6) | Nervenkitzel und Spaß sind bei einem Besuch im Kletterwald garantiert. Fünf Parcours in unterschiedlichen Schwierigkeitsgraden sorgen sowohl bei Klein (ab drei Jahren) als auch bei Groß für abenteuerliche Stunden in schwindelerregenden Höhen. Zahlreiche Elemente wie Hängebrücken, Netze, Ringe, Röhren und noch viele mehr gilt es zu bezwingen. Da fühlt man sich wie Tarzan oder Robin Hood. Besonders aufregend ist der Flying Fox Parcours. An einem Drahtseil gesichert fliegt man von einer Plattform zur nächsten. Und nicht vergessen: eine Portion Mut einstecken!

Via Pineta Sperane
I-37010 San Zeno di Montagna
Tel. +39 045 6289306
www.jungleadventurepark.com

BUSATTE ADVENTURE (D 1/2) | Wer von Zeit zu Zeit einen Adrenalinkick braucht, wird sich im Hochseilgarten des Busatte Abenteuerparks wohlfühlen. Für Spiel, Spaß und Spannung bei Klein als auch Groß ist in den fünf Parcours gesorgt. In der großzügigen Parkanlage hoch über dem Gardasee sind aber noch weitere actionreiche Aktivitäten möglich. Die Mountainbike-Trails und die BMX-Piste lassen jedes mutige Bikerherz höher schlagen. Wer sich danach etwas erholen und stärken möchte, findet bestimmt zwischen den Pinien und Olivenhainen ein schönes Plätzchen.

Via delle Busatte
I-38069 Nago-Torbole
Tel. +39 347 2880570
www.busatteadventure.it

SOUTH GARDA KARTING (A 10) | Rasanter Fahrspaß ist auf der Kartbahn in Lonato, unweit von Desenzano, garantiert. Die 1200 m lange Strecke ist anspruchsvoll und sogar Austragungsort für internationale Kartrennen. Auf der Strecke waren bereits erfolgreiche Formel-1-Piloten unterwegs. Eigene Mini-Karts für Kinder ab acht Jahren (min. 1,30 m), Sport-Karts und Zweisitzer stehen zur Verfügung. Da heißt es Nerven bewahren und um seinen Platz kämpfen, denn am Ende kann es nur einen Sieger geben. Wer die schnellste Rundenzeit geschafft hat, steht spätestens nach der Zeitmessung fest. Aber da geht sich bestimmt noch eine Revanche aus.

Via Monti Slossaroli
I-25017 Lonato del Garda
Tel. +39 342 5640590
www.southgardakarting.it

ALPINKLETTERN | Der Norden des Gardasees ist von gewaltigen Bergmassiven umgeben. Meterhohe Felswände laden zum Emporsteigen ein, weshalb zahlreiche Klettergärten entstanden sind. Die Schwierigkeitsgrade der Routen variieren zwischen 3 und 8. Besonders beliebte Kletterreviere befinden sich in Arco, Riva del Garda und Nago. Der Segrom-Klettergarten bei Nago ist der größte in der Umgebung und umfasst 123 Routen. Der Klettergarten Passo San Giovanni bietet 36 Routen und liegt ebenfalls nahe Nago. Zwischen Torbole und Navene sind im Spiaggia delle Lucertole 19 Routen zu finden. Egal wohin man sich begibt, grandiose Aussichten und anspruchsvolle Touren sind garantiert.

www.gardatrentino.it

AKTIV

Für vielseitigen Freizeitspaß

Ein Gardaseeurlaub ohne Sport ist wie Butter ohne Brot – beinahe undenkbar. Denn hier gibt es Angebote und Verlockungen in Hülle und Fülle. Rucksack packen, Wanderschuhe schnüren und schon geht es los auf einen der zahlreichen Wege. Wer lieber in die Pedale tritt, findet hier ebenso ein Dorado vor, vor allem, wenn es in die aussichtsreichen Berge geht. Und weil Wasser eine große Rolle spielt, schließlich ist der Gardasee Italiens größter See, darf auch der Wassersport nicht zu kurz kommen.

WANDERN IM TAL DER PAPIERMÜHLEN (B 6) | Eine gemütliche, jedoch sehr reizvolle Tour kann im Valle delle Cartiere (Papiermühlental) unternommen werden. Bereits ab dem Mittelalter siedelten sich am Wildbach Toscolano mehrere Papierfabriken an. Das Wasser betrieb die Mühlen und jahrhundertelang war das hiesige Papier sehr gefragt. In einer ehemaligen Fabrik ist heute das Museo della Carta untergebracht, das die aufregende Geschichte des Tales, der Papierherstellung und des Buchdrucks erzählt. Das Tal selbst ist ein großes Freilichtmuseum, denn immer wieder sind Überreste der Fabriken zu sehen. Der Rückweg kann über das Dorf Gaino bestritten werden.

Ausgangspunkt: Besucherparkplatz Valle delle Cartiere, I-25088 Toscolano-Maderno www.valledellecartiere.it

SCHWIMMPARADIES GARDASEE | Mit einer Fläche von knapp 370 km^2 ist der Lago di Garda der größte See Italiens. Aufgrund seiner traumhaften Lage ist er ein beliebtes Reiseziel bei Jung und Alt von nah und fern. Seine türkisblaue Farbe, die gute Wasserqualität und die angenehme Wassertemperatur machen ihn zum Schwimmeldorado. Zahlreiche wunderbare Strände locken rund um den See. Die Auswahl fällt mitunter schwer, denn jeder einzelne hat seinen ganz besonderen Flair. In Riva del Garda ist der Spiaggia dei Pini, in Bardolino der Spiaggia Mirabello, in Sirmione der Lido delle Bionde und in Limone sul Garda der Spiaggia Cola erwähnenswert. Doch wer sich Zeit nimmt, entdeckt noch viele weitere bezaubernde Orte zum Sonnenbaden und Schwimmen.

BOGLIACO GOLF RESORT (B 5) | Auf einer Anhöhe gelegen, bietet der 18-Loch-Golfplatz eine traumhafte Aussicht auf den Gardasee und die umliegenden Berge. Bereits seit 1912 wird hier versucht, mit Präzision und Können den Ball einzulochen. Aufgrund des milden Klimas kann das ganze Jahr über in einer idyllischen Anlage mit mediterranen Gewächsen wie Zypressen, Olivenbäumen und Oleander gespielt werden. In der Golfschule werden sowohl Anfänger als auch Fortgeschrittene bestens betreut. So kann in Einzeltrainingsstunden an der eigenen Technik gefeilt werden.

Via del Golf, 21
I-25088 Toscolano-Maderno
Tel. +39 0365 643006
www.golfbogliaco.com

MONTE BALDO – EIN SPORTELDORADO | Mächtig thront das Bergmassiv mit einer Höhe von über 2000 m zwischen dem Fluss Etsch und dem Ostufer des Gardasees. Das Angebot an Sportmöglichkeiten ist vielfältig. Im Winter fährt man Ski oder Snowboard, geht Schneeschuhwandern oder vergnügt sich im Snowpark. In den wärmeren Monaten entdeckt man die Schönheiten der Natur beim Wandern oder Nordic Walking, fährt mit dem Mountainbike oder versucht sich im Paragleiten. Ganz egal mit welcher Sportart man sich an der frischen Luft bewegt, der Monte Baldo verspricht wunderbare Aussichten und eine einzigartige Flora und Fauna. Mit der modernen Seilbahn samt Drehkabine gewinnt man von Malcésine aus schnell an Höhe und genießt ein tolles Panorama.

MOUNTAINBIKEN | Im Nordteil des Gardasees, dort wo die Berge den See weit überragen, fühlen sich die konditionsstarken und mutigen Mountainbiker wohl. Das beliebte Revier erstreckt sich über die Berghänge rund um Riva del Garda, Torbole und Arco. Der Verleih und Service von Mountainbikes ist vielerorts zu finden. Wer auf den zahlreichen Trails unterwegs ist, tut nicht nur etwas für seine Fitness, sondern bekommt auch noch einen sensationellen Rundblick geboten. Wer gerne Downhill fährt, nimmt zuerst den Shuttlebus bergaufwärts und saust dann rasant abwärts.

Das Bike-Festival in Riva (www.riva.bike-festival.de) findet alljährlich im Frühjahr statt und lockt unzählige Radsportanhänger aus aller Welt an.

www.gardatrentino.it

WASSERSPORT AM GARDASEE | Ein beliebter Treffpunkt für Segler und Surfer ist der nördliche Bereich des Gardasees, denn alles steht und fällt mit dem Wind und dieser ist hier recht zuverlässig. Am Vormittag bläst eher ein laues Lüftchen aus dem Norden, am Nachmittag ein kräftiger Wind vom Süden her. Passionierte Wind- und Kitesurfer sowie Segler fühlen sich dann so richtig wohl und finden Vergnügen an ihrem Sport. Surf- und Segelschulen finden sich vielerorts am Nordufer, beispielsweise in Torbole, Riva del Garda oder Malcésine. Hier kann man nicht nur die ersten Versuche starten, sondern auch die dafür notwendige Ausrüstung leihen.

KINDER

Für kleine Helden

Wer mit Kindern unterwegs ist, braucht ein abwechslungsreiches Programm. Am Gardasee finden sich dafür zahlreiche Möglichkeiten. Das Gardaland ist wohl die Hauptattraktion am See. Dort lässt sich spielend leicht ein gesamter Tag verbringen. Für Abkühlung und Spaß im erfrischenden Nass sorgen die Wasserparks mit ihren tollen Rutschen. Und all jene, die sich für Tiere aus aller Welt interessieren, sei ein Besuch im Parco Natura Viva empfohlen.

GARDALAND (C 10) | Prezzemolo, ein freundlicher grüner Drache, und seine Freunde leben an einem fantastischen und lustigen Ort, dem Gardaland. Wer sie gerne besuchen möchte, erlebt großartige Abenteuer. Das Gardaland wurde 1975 als erster Vergnügungspark Italiens gegründet und ist das Highlight eines jeden Gardaseeurlaubs. Unzählige Fahrgeschäfte für Klein und Groß sorgen für spannende Momente. Die vielen Shows, die während des Tages an verschiedenen Standorten geboten werden, verzaubern mit Komik, Akrobatik und farbenprächtigen Kostümen. Und wer sich der magischen Welt nicht so schnell entziehen kann, übernachtet in einem Hotel innerhalb des Parks.

Via Derna, 4
I-37014 Castelnuovo del Garda
Tel. +39 045 6449777
www.gardaland.it

PARCO NATURA VIVA (C 9) | Wer exotische Tiere aus nächster Nähe betrachten möchte, ist in diesem Zoologischen Garten richtig. Der absolute Höhepunkt ist wohl der Safaripark. Mit dem eigenen Auto fährt man an grazilen Giraffen, quirligen Affen, ruhenden Löwen und grasenden Zebras vorbei. Mitunter kommt es dabei vor, dass man einer Giraffe tief in die Augen blicken kann. Im angrenzenden Faunapark, den man als Fußgänger durchstreift, sind in den weitläufigen und naturnah gestalteten Anlagen Tiere aus allen Kontinenten vertreten. Sogar ein Bereich mit Dinosaurier-Nachbildungen wurde geschaffen. Hier kann die ganze Familie einen erlebnisreichen Tag verbringen.

Località Quercia
I-37012 Bussolengo
Tel. +39 045 7170113
www.parconaturaviva.it

CANEVAWORLD AQUAPARK (C 9) | Feuchtfröhliche Stunden sind in diesem Wasserpark garantiert. Neben mehreren Bereichen zum Relaxen locken zahlreiche Rutschen. So können alle mutigen Wasserratten von März bis September jede Menge Spaß und Action erleben. Sowohl Familien mit Kindern als auch Adrenalinjunkies fühlen sich im Rutschenparadies wohl, denn hier kann man auf Reifen hinabgleiten, durch dunkle Röhren flitzen, auf Matten hinuntersausen oder vor einem ausbrechenden Vulkan flüchten. Die Hartgesottenen stürzen sich sogar im freien Fall abwärts. Vergünstigte Kombitickets mit dem Movieland sind erhältlich.

Via Fossalta, 58
I-37017 Lazise
Tel. +39 045 6969900
www.canevapark.it

EINE SEEFAHRT, DIE IST LUSTIG... | Eine Überfahrt mit dem Schiff zu unternehmen, lässt jedes Kinderherz höher schlagen. Der Gardasee bietet sich dafür perfekt an, denn es gibt zwischen den einzelnen Ortschaften zahlreiche Verbindungen. Wer den über 50 km langen Gardasee vom Norden in den Süden durchqueren möchte, muss einen ganzen Tag dafür einplanen. Die Ausblicke auf den See und die ans Ufer geschmiegten Städtchen, die kreischenden Möwen sowie die kühle Brise sind ein Erlebnis für Klein und Groß. Tickets sind an jedem Hafen bzw. an Bord (mit Aufpreis) erhältlich.

Tel. +39 030 9149511
www.navigazionelaghi.it

RIOVALLI PARCO ACQUATICO (C 8) | Obwohl dieser Wasserpark etwas im Hinterland liegt, ist er dennoch einen Besuch wert. Die Kinder lieben die farbenfrohen Wasserrutschen. Hier können sie sich nach Herzenslust austoben und aufregende Stunden erleben. Für die kleineren Gäste wurde ein eigener Bereich geschaffen, wo sie mit Vergnügen plantschen, rutschen und spritzen dürfen. Die nett gestalteten Wasserspiele erfreuen bestimmt jedes Kinderherz. Wer genug vom Wasser hat, sonnt sich auf der großzügigen Liegewiese oder tobt sich am Spielplatz aus.

Località Fosse
I-37010 Cavaion Veronese
Tel. +39 045 6268392
www.riovalli.it

MOVIELAND – THE HOLLYWOOD PARK (C 9) | Wer einen aufregenden Tag mit der Familie erleben möchte, ist im Movieland richtig. Kinder in etwa ab dem Grundschulalter und genügend Portion Mut können an den meisten Attraktionen teilnehmen. Neben actionreichen Stunt-Shows gibt es auch musikalische Western-Einlagen, einen 3D-Film sowie filmreife Paraden. Zahlreiche Fahrgeschäfte von familientauglich über abenteuerlich bis hin zu adrenalingeladen warten auf die Gäste. Diabolik nennt sich eine Achterbahn, die in rasender Geschwindigkeit sowohl vor- als auch rückwärts fährt. Vom Hollywood Tower geht es im freien Fall abwärts und beim Kitt Super Jet wird es ganz schön nass.

Via Fossalta, 56
I-37017 Lazise
Tel. +39 045 6969900
www.movieland.it

NATUR

Für vielfältige Entdeckungen

Naturliebhaber finden in der Region wunderbare Oasen vor, die entdeckt und bestaunt werden möchten. Ganz egal, wo man sich am Gardasee befindet, die Blicke auf den See sind überall bezaubernd. Wasser beruhigt unsere Seele und die türkisblaue Farbe bringt Entspannung pur. Wer sich für Botanik interessiert, besucht in der Gartenstadt Gardone Riviera den Heller Garden oder den Monte Baldo, denn dort gibt es eine Pflanzenvielfalt zu bestaunen, die den Atem raubt.

SIRMIONE (B 9) | Auf einer schmalen Landzunge am südlichen Gardasee liegt die märchenhafte Altstadt von Sirmione. Über die Zugbrücke und durch das Tor der mächtigen Scaligerburg gelangt man in den verkehrsberuhigten historischen Stadtkern. Wer den Burgturm besteigt, wird mit einem malerischen Ausblick belohnt. Um das Ende der Halbinsel zu erreichen, nimmt man den Uferweg oder bahnt sich seinen Weg durch die schmalen Gassen. In einem ausgedehnten Olivenhain befinden sich schließlich Reste einer römischen Villa (Grotte di Catullo). Sirmione ist vor allem im Frühjahr und im Herbst eine Reise wert, denn im Hochsommer wälzen sich hier Menschenmassen durch die engen Gassen.

www.grottedicatullo.beniculturali.it

PARCO BAIA DELLE SIRENE (B 7) | Ein wahrlich bezaubernder Ort ist der auf der kleinen Halbinsel gelegene Park. Der Weg ist von jahrhundertealten Zypressen gesäumt und führt bis zur Landspitze. Dort befinden sich ein Luxus-Hotel, ein Restaurant, eine Taverne sowie ein kleiner netter Hafen. Die Atmosphäre und der Blick auf den See sind einzigartig. Wer baden möchte, geht nicht bis zur Spitze, sondern biegt rechts in den Olivenhain ab, wo eine wunderschöne smaragdgrüne Bucht mit Kiesstrand zu finden ist. Den wunderschönen Sonnenuntergang sollte man sich nicht entgehen lassen.

Punta San Vigilio
I-37016 Garda
Tel. +39 045 7255884
www.parcobaiadellesirene.it

PFLANZENVIELFALT AM MONTE BALDO (D 5) | Mit über 2.000 m ist der Monte Baldo das höchste Bergmassiv am Gardasee. Es erstreckt sich über 35 km Länge und wird auch „Hortus Europae“ (Garten Europas) genannt. Pflanzenfreunde werden sich freuen, denn mehr als 600 verschiedene Arten wachsen an den Hängen. Felsenglockenblume, Schopfteufelskralle, Pracht-Primel, Enzian, Orchideen oder Edelweiß, um nur einige zu nennen. Der Botanische Garten, gegründet 1989, erstreckt sich auf 20.000 m² und beherbergt alle Arten des Monte Baldo. So ist es möglich, diese in Ruhe zu betrachten. Genaue Beschreibungen findet man auf den Informationstafeln.

Via General Graziani, 10
I-37020 Ferrara di Monte Baldo, Loc. Novezzina
www.ortobotanicomontebaldo.org

MUSEO DELLE PALAFITTE (C 1) | Direkt am türkisblauen Ledrosee gelegen vermittelt das Museum eindrucksvoll das Leben in der Bronzezeit. Als der Wasserspiegel des Sees 1929 abgesenkt wurde, kamen unzählige Pfähle ans Tageslicht. Eine der bedeutendsten Pfahlbautensiedlungen Italiens war gefunden worden. Heute ist hier eine Nachkonstruktion von drei Hütten zu sehen. Wie sich der Alltag der Menschen vor über 3500 Jahren gestaltete, zeigen die zahlreichen Exponate. Handwerkliche Tätigkeiten, Landwirtschaft, Viehzucht und Jagd bestimmten das Leben der Pfahlbautenbewohner.

Via al Lago, 1
I-38060 Molina di Ledro
Tel. +39 464 508182
www.palafitteledro.it

HELLER GARDEN (A 6) | Auf rund 10.000 m² werden in André Hellers Botanischem Garten etwa 3000 exotische Pflanzenarten aus allen Teilen der Erde präsentiert. Die Ursprünge gehen zurück auf Arthur Hruska, der Anfang des 20. Jh. nach Gardone Riviera kam und einen botanischen Garten anlegte. Von März bis Oktober kann nicht nur eine vielfältige Pflanzenwelt, sondern auch ein Reichtum an Kunstwerken bewundert werden. Der österreichische Künstler André Heller schuf ein paradiesisches Kleinod, in dem man Ruhe und Entspannung in einer einzigartigen Naturkulisse findet.

Via Roma 2
I- 25083 Gardone Riviera
Tel. +39 336 410877
www.hellergarden.com

ISOLA DEL GARDA (A/B 7) | An der Westseite des Gardasees, bei San Felice del Benaco, liegt diese zauberhafte Insel auf der sich die Villa Cavazza befindet. Der prachtvolle Bau im neugotisch-venezianischen Stil wurde im frühen 19. Jh. entworfen und ist in Privatbesitz. Wunderschöne Terrassen und hübsch angelegte Gärten mit farbenprächtig blühenden Pflanzen machen die Insel zu einem einzigartigen Ausflugsziel. Da fühlt man sich wie in einer Märchenwelt. Die Insel ist täglich außer montags und samstags (April – Okt.) vom südlichen Bereich des Sees aus mit dem Boot erreichbar. Der Besuch ist nur im Zuge einer Führung, die in etwa zwei Stunden dauert, möglich.

Tel. +39 328 6126943
www.isoladelgarda.com

SCHLECHTWETTER

Für alternative Unternehmungen

Sollte die Sonne einmal nicht vom Himmel scheinen, gibt es keinen Grund zum Trübsal blasen, denn es lässt sich auch an grauen Tagen Schönes erleben. Wie wäre es denn mit einem Besuch im Weinmuseum oder mit einer Shoppingtour? Wer lieber Schlangen und Co. aus nächster Nähe beobachten möchte, ist im Reptiland richtig. Und all jene, die gerne im warmen Wasser relaxen, fühlen sich in Sirmione wohl.

TERME DI SIRMIONE (B 9) | Einfach mal die Seele baumeln lassen und sich so richtig entspannen kann man in den Thermalzentren von Sirmione. 1889 entdeckte der Taucher Procopius die Boiola-Quelle im Gardasee. Das schwefelhaltige Wasser, das mit einer Temperatur von 69 °C heraussprudelt, wird seither mittels Rohrsystem in die Therme geleitet. Die heilende Wirkung ist bestätigt und so etablierte sich Sirmione zum Kurort. Das Aquaria Wellnesscenter, in einer großzügigen Parkanlage gelegen, wird ebenso mit dem Thermalwasser versorgt. Erholung pur – in der Sauna, im Dampfbad oder bei gebuchten Wellnessanwendungen.

Tel. +39 030 990 4923
www.termedisirmione.com

MUSEO DEL VINO (C 8) | Auf den Hügeln oberhalb von Bardolino kann man eine Reise durch die Welt des Rebensaftes unternehmen. Gaetano Zeni hat auf seinem Weingut eine Ausstellung eingerichtet, in der man in ansprechender Art und Weise den Herstellungsprozess des edlen Tropfens erlebt. Wie sieht die Pflege des Weinberges aus? Welche Werkzeuge benötigt man zur Traubenverarbeitung? Wie wird der Wein in Flaschen abgefüllt? All das und noch mehr wird anschaulich erläutert. Sogar einen Einblick in den laufenden Produktionsbetrieb erhält man. In der Geruchsgalerie wollen Aromen und Düfte erschnuppert werden. Danach geht es zur Verkostung der edlen Weine in die Enothek.

Via Costabella, 9
I-37011 Bardolino
Tel. +39 045 7210022
www.museodelvino.it

GARDALAND SEA LIFE AQUARIUM (C 10) | In der faszinierenden Unterwasserwelt sind jede Menge Wassertiere zu bestaunen. Über 40 Aquarien, gefüllt mit Süß- oder Salzwasser, beherbergen farbenprächtige Fische, entzückende Seepferdchen, ruhige Seesterne und anmutige Quallen. Eine Besonderheit ist der transparente Unterwassertunnel, denn hier kann man Rochen, Haie und Fische sogar von unten beobachten. Zwei Mal täglich findet die Haifütterung mit Informationen zu den oft gefürchteten Tieren statt. Im Reich der Seelöwen hat man die Gelegenheit, die liebenswerten Tiere des Meeres zu beobachten.

Via Derna, 4
I-37014 Castelnuovo del Garda
Tel. +39 045 6449777
www.gardaland.it
www.visitsealife.com

MUSEO DELL'OLIO D'OLIVA (C 8) | Typisch für das Ostufer des Gardasees ist der Olivenbaum mit seinen silbrig-grün schimmernden Blättern, die sich im Wind wiegen. Da hier mildes Klima vorherrscht, hat der Olivenbaumanbau eine lange Tradition. Umberto Turri, selbst Olivenölproduzent, eröffnete 1988 das erste Olivenölmuseum Italiens in Cisano (Bardolino). Neben Filmen über die Geschichte des goldgelben Saftes werden in der Ausstellung auch Geräte zur Herstellung gezeigt. Der Eintritt ins Museum ist frei. Wer sich Olivenöl-Produkte für zu Hause mitnehmen möchte, wird im angrenzenden Shop fündig.

Via Peschiera, 54
I-37011 Cisano (Bardolino)
Tel. +39 045 6229047
www.museum.it

REPTILAND (D 1) | Wer Schlangen, Spinnen, Skorpione und Co. aus nächster Nähe betrachten möchte, ist im Zentrum von Riva del Garda richtig, denn hier werden lebende Exponate in einer naturwissenschaftlichen Ausstellung präsentiert. Grüne Mamba, Klapperschlange, Tigerpython, Vogelspinne und Riesenskorpion können hier nicht nur in aller Ruhe beobachtet werden, sondern man erfährt auch viel Wissenswertes über die oft furchteinflößenden Tiere. Bunt schillernde Schmetterlinge runden das Angebot des Reptilienhauses ab.

Piazza Garibaldi, 2
I-38066 Riva del Garda
Tel. +39 348 7948389
www.reptiland.it

IL LEONE SHOPPING CENTER (A 10) | Wer auf der Suche nach italienischer sowie internationaler Bekleidung und Schuhen, Kosmetikartikeln, Telekommunikationsanbietern, Dekorartikeln oder Lebensmitteln ist, wird hier garantiert fündig. Zwei Etagen mit einer Verkaufsfläche von 45.000 m^2 sorgen täglich von neun bis 22 Uhr dafür, dass Shoppen zum reinsten Vergnügen wird. Abgerundet wird der bunte Mix an Shops mit einem vielfältigen Gastronomieangebot. Alle Kleinen fühlen sich im Kinderbereich mit Kino, Mal- und Bastelstation sowie Kletter- und Rutschmöglichkeit wohl.

Via Mantova, 36
I-25017 Lonato del Garda
www.illeonedilonato.com

WANDERTOUR 1

PIEVE – BOCCA DI NEVESE • 763 m

1

Almwiesen inmitten einer intakten Dorfkultur

7,5 km · 2:40 h · 450 hm ↗ · 450 hm ↘

Diese Tour finden Sie im Planquadrat C 3
Einfache Wanderung 33 aus dem Wanderführer „Gardasee" (5743)
Autor: Christian Schulze

START | Pieve (413 m), Parkplatz in der Via Liver, Bus am Kreisverkehr.
CHARAKTER | Aussichtsreiche Rundtour durch Wälder und Weiden. Überwiegend einfache Straßen, zwischendurch Naturpfade. Innerorts oft spärlich markiert.

Pieve zählt zu den schönsten Dörfern des Landes und ist ein echtes Highlight. Ob vor oder nach der Wanderung: Die schmalen Gassen und so genannten „Schauderterrassen" sollte sich keiner entgehen lassen! Unbedingt zu empfehlen ist auch die Anfahrt mit dem Auto durch die Brasa-Schlucht… sehr aufregend und zugleich wildromantisch.

▶ Von der Kirche San Giovanni Battista führt neben den Stufen die Via IV Novembre hinauf zur Viale Europa. Diese queren und geradeaus in die Via Palazzo/Via Sabionera zwischen Häusern hindurch auf Schotter Richtung

Das Ristorante Miralago mit einer der „Schauderterrassen" von Pieve

Die Hochebene bei der Bocca di Nevese

Nordwest. An der Dorfstraße kurz links und am Abzweig auf Schotter direkt links auf Weg 209 steil den schattigen Waldweg hinab. Über den Bach und weiter durch die Valle di Larino abwärts.

An der nächsten Kreuzung links hinauf und durch einen Hausdurchgang nach Priezzo. Links und sogleich rechts durch die Via Levante, weiter rechts in die Via dei Gregoi, zur Bushaltestelle und dort vis-à-vis die Via Musio hinauf. Eine S-Kurve und an der Gabelung scharf links (Via Voltofol) zu den Häusern von Musio. Weiter rechts, durch einen weiteren Hausdurchgang und am Ortsende über einen schönen Waldpfad weiter bergauf. Am Geo Resort vorbei und links in den kleinen, malerischen Ort Sompriezzo. Neben der schönen, rosafarbenen Kirche lohnt sich eine Einkehr im empfehlenswerten Restaurant La Rocchetta. Vor der Kirche die Straße kurz Richtung Parkplatz, um sogleich links in den herrlichen Wiesenweg (267) einzubiegen. Dieser geht in Wald über, ist neu angelegt und gut markiert. An einem ehemaligen Kalkofen, später am Rastplatz „La Tartufaia" vorbei, stets leicht ansteigend. Am Abzweig kurz vor dem nördlichen Voiandes folgen wir links dem Weg 267 bzw. der Nordic Walking-Route (Nr. 3). Kurz darauf nochmal rechts. Es wird steinig. Wir schauen auf die wunderbaren Almwiesen von Tremosine. An der Straße kurz links und zum Haus Cà del Lupo. Hier die Via Nevese hinauf durch Wald, an der Gabelung rechts entlang des Waldrandes und vorbei an einem großen Gehöft.

An der Bocca di Nevese schauen wir in alle Richtungen auf die Weiden der Hochebene. Im Süden ragen Monte Castello und Denervo hoch über dem See empor. Gerade hinunter auf der Straße in Richtung Pregasio. Nach 10 Minuten links halten. Danach durch Wald links Richtung Osten über die Via Fontenei und Via Coste in großen Schwüngen an Häusern vorbei hinunter nach Mezzema. Der Via Mezzema folgen wir anschließend links für rund 15 Minuten Richtung Pieve. Nach einem Rechtsknick in die Via L. Turri, auf der Viale Europa links bis zu den Stufen, die uns zurück zur Kirche von Pieve bringen.

WANDERTOUR 2

MONTE ALTISSIMO DI NAGO • 2079 m

2

Gemütliche Gipfeltour mit Top-Panorama

8,5 km | 3:00 h | 520 hm | 520 hm

Diese Tour finden Sie im Planquadrat D 2–3
Leichte Tour 66 aus dem Wanderführer „Gardasee" (5743)
Autor: Christian Schulze

START | Bocca del Creer, 1617m (Monte-Baldo-Höhenstraße).
CHARAKTER | Vorwiegend auf breiten Wirtschaftswegen. Aufstieg über Wiesenpfade. Keine Schwierigkeiten, aber komplett in der Sonne, also Sonnenschutz und Getränke mitnehmen.

▶ Zunächst umgehen wir direkt neben der Bocca del Creer links das Bergrestaurant Rifugio Graziani und bleiben am folgenden Wegweiser geradeaus auf Weg 650. An einem kleinen Parkplatz vorbei, dann leicht bergab in Richtung Norden auf breiter Schotterstraße. Nach nur 40 Minuten treffen wir nach einem Elektrozaun und Viehteich auf die idyllisch gelegene Malga Campo. Hier werden Käse, Butter und Milch verkauft. Sehr

Wahnsinnsblick am Wegweiser Busa Brodeghera

Sensationeller Fernblick vom Monte Altissimo di Nago

lohnenswert ist ein zehnminütiger Abstecher zum Gipfelkreuz des Monte Campo (1666 m) mit fantastischem Blick ins Etschtal. Kurz vor den Almgebäuden biegen wir nach links (Nr. 622) auf Pfadspuren ab, die südwestlich einen großen Rechtsbogen beschreiben. Bergwärts queren wir einige Serpentinen der Almwiesen Pra delle Valsirve.

Bei einem Querweg gehen wir rechts bis zur Bocca Paltrane, wo wir scharf links Richtung Altissimo abzweigen (Nr. 622). Noch ist vom Gardasee nichts zu sehen, dafür genießen wir die Aussicht zur Corna Piana und auf die umliegenden Almen. Vorbei an ehemaligen Kriegsstellungen steigen wir teils recht steil auf schönem Bergpfad durch üppige Wiesen hinauf zum Rifugio Damiano Chiesa. Hier empfiehlt sich eine ausgiebige Rast inklusive Gipfelrundgang. Der höchste Punkt des Monte Altissimo wird von einem Eisengestell markiert. Interessanter ist jedoch das Nachbarplateau mit der kleinen Steinkapelle (Kriegsopfer-Gedenkstätte), Schützengräben und kleinen Höhlen. Oben auf einer halbrunden Mauer ein wunderbares Rundum-Panorama!

Auf der alten steinigen Kriegsstraße, dem „Sentiero della Pace“, geht es nun Richtung Südwesten aussichtsreich zum Wegweiser Busa Brodeghera. Gegenüber liegt der Monte-Baldo-Kamm. Nun in südöstlicher Richtung über lange Kehren bergab. An einer kleinen Madonna in einer Felshöhle vorbei, bis wir wieder am Rifugio Graziani ankommen und uns eine Stärkung verdient haben.

MOVIMENTO

Per coraggiosi avventurieri

Tutti gli impavidi saranno soddisfatti delle scariche di adrenalina al Lago di Garda. Per le escursioni sono necessari forza fisica, precisione, assenza di vertigini, coraggio e resistenza mentale. Nei parchi con funi sospese sono presenti percorsi di diversi livelli di difficoltà. Le maestose pareti rocciose nell'area settentrionale del Lago di Garda sono straordinari spunti per le arrampicate sportive. Se si preferisce rimanere a terra, ci si può cimentare nelle gare di go-kart o passare una giornata ricca di avventure con il canyoning.

CANYONING | Le passeggiate nelle gole, dette anche canyoning, assicurano un'esperienza avventurosa in acque incontaminate. Si segue a piedi il corso naturale dell'acqua, si scivola o si salta nelle pozze d'acqua e ci si cala con le corde lungo le cascate. Le guide alpine di „Mmove-into nature" accompagnano gli amanti dell'avventura lungo percorsi facili e difficili. In questo modo rimangono del tutto soddisfatti sia i principianti che gli sportivi ambiziosi. Anche le famiglie con bambini possono partecipare ai percorsi selezionati. La durata delle escursioni va da tre a otto ore. Il punto d'incontro è a scelta ad Arco, Riva del Garda o Torbole, da dove si procede insieme alla Valle di Ledro o verso Tignale.

Mmove-into nature
Tel. +39 334 2193862
www.mmove.net

PARAPENDIO (C/D 3/4) | Librandosi in volo liberi come gli uccelli è possibile far vagare lo sguardo sul mondo in miniatura sottostante: è questa la bellezza del parapendio. A Malcesine è disponibile questa attività: con la funivia si raggiunge in un attimo il Monte Baldo dove si trovano i punti di partenza idonei. Se si desidera annusare una volta l'aria di montagna, è possibile prenotare un volo tandem di 20 – 30 minuti circa. Per un'altra scarica di adrenalina, è possibile scegliere persino Wing overs o le spirali picchiate. Questo particolare volo panoramico viene registrato per mantenerne le immagini vivide nella memoria.

Fly2Fun
Tel. +39 334 9469757
www.tandemparagliding.eu

JUNGLE ADVENTURE PARK (C 6) | Forti emozioni e divertimento sono garantiti visitando il parco delle scalate. I cinque percorsi di diversi livelli di difficoltà assicurano sia a grandi che piccini (da tre anni d'età) ore d'avventura ad altezze da capogiro. È necessario superare numerose strutture, come ad esempio ponti sospesi, reti, anelli, tubi e molto altro ancora. Ci si sente come Tarzan o Robin Hood. Il percorso Flying Fox è particolarmente emozionate. Assicurati ad una fune d'acciaio si vola da una piattaforma all'altra. Nota bene: portare con sé una porzione di coraggio!

Via Pineta Sperane
I-37010 San Zeno di Montagna
Tel. +39 045 6289306
www.jungleadventurepark.com

SOUTH GARDA KARTING (A 10) | Il divertimento ad alta velocità è garantito sulla pista da go-kart di Lonato, nei pressi di Desenzano. Il tracciato di 1.200 m è impegnativo ed è una struttura persino adibita alle gare internazionali. Su questo percorso si sono cimentati piloti di formula 1 di successo. Sono disponibili alcuni mini-kart per bambini da otto anni d'età (1,30 m min.), sport-kart e kart biposto. È quindi necessario mantenere i nervi saldi battendosi per il proprio posto perché alla fine c'è solo un vincitore con il giro più veloce. Ma si finisce per concedere ancora una rivincita.

Via Monti Slossaroli
I-25017 Lonato del Garda
Tel. +39 342 5640590
www.southgardakarting.it

BUSATTE ADVENTURE (D 1/2) | I visitatori che cercano di tanto in tanto una scarica d'adrenalina si sentiranno a proprio agio al parco con funi sospese di Busatte. Lungo i cinque percorsi ci sono attività ludiche, divertimento e suspense per grandi e piccini. In questo grandioso parco sovrastante il Lago di Garda sono tuttavia possibili anche altre attività ricche di dinamismo. I percorsi per mountain bike e la pista da BMX emozionano tutti i cuori coraggiosi dei ciclisti. I visitatori alla ricerca di un po' di relax e ristoro trovano davvero un bel posticino tra i pini e gli oliveti.

Via delle Busatte
I-38069 Nago-Torbole
Tel. +39 347 2880570
www.busatteadventure.it

ESCURSIONI ALPINE | L'area nord del Lago di Garda è circondata da giganteschi massicci montani. Le pareti rocciose di alcuni metri invitano alla salita per cui si sono formati numerosi parchi per scalate. Il livello di difficoltà dei percorsi è compreso tra 3 e 8. Ad Arco, Riva del Garda e Nago si trovano le zone per scalate particolarmente apprezzate. Il parco per scalate Segrom presso Nago è il più grande nei dintorni e comprende 123 percorsi. Il parco per scalate Passo San Giovanni offre 36 percorsi e si trova anche vicino a Nago. Tra Torbole e Navene sono disponibili 19 percorsi a Spiaggia delle Lucertole. Raggiungendo qualsiasi destinazione, sono assicurati panorami grandiosi e percorsi impegnativi.

www.gardatrentino.it

DINAMICITÀ

Divertimento a 360 gradi

Una vacanza al Lago di Garda senza sport è pressoché inimmaginabile. Infatti, in questa regione sono disponibili offerte ed attrattive in gran quantità. Zaino in spalla, scarpe da escursione allacciate e si parte lungo uno dei numerosi percorsi. I visitatori che preferiscono pedalare trovano anche una Eldorado, soprattutto andando sulle montagne ricche di viste panoramiche. E dato che il Lago di Garda è il lago più grande d'Italia, gli sport acquatici non possono mancare.

PASSEGGIATE NELLA VALLE DELLE CARTIERE (B 6) | È possibile intraprendere un percorso gradevole, ma molto stimolante nella Valle delle Cartiere. Sin dal Medioevo si sono insediate molteplici cartiere lungo il torrente Toscolano. L'acqua azionava i mulini e per secoli la carta locale è stata molto richiesta. In una ex-fabbrica si trova oggi il Museo della Carta che narra la storia emozionante della valle, della produzione della carta e della stampa dei libri. La valle stessa è un grande museo all'aperto perché ci sono ancora le rovine delle fabbriche. È possibile tornare passando per il villaggio di Gaino.

Punto di partenza: parcheggio visitatori Valle delle Cartiere, I-25088 Toscolano-Maderno www.valledellecartiere.it

IL PARADISO DEI NUOTATORI AL LAGO DI GARDA | Con una superficie di quasi 370 km^2 il Lago di Garda è il più grande d'Italia. Grazie alla sua fantastica posizione è un'apprezzata destinazione di viaggio per grandi e piccini da ogni dove. Il suo blu turchese, la buona qualità dell'acqua e la gradevole temperatura ne fanno l'Eldorado dei nuotatori. Numerose spiagge meravigliose sono un'attrattiva intorno al lago. La scelta è difficile perché ogni singola spiaggia presenta una sua atmosfera distintiva. A Riva del Garda c'è da notare la Spiaggia dei Pini, a Bardolino la Spiaggia Mirabello, a Sirmione il Lido delle Bionde e a Limone sul Garda la Spiaggia Cola. Ma, dedicando un po' di tempo, è possibile scoprire ancora molte altre località incantevoli per la balneazione.

BOGLIACO GOLF RESORT (B 5) | Collocato su un'altura, il campo da golf a 18 buche offre una vista da sogno del Lago di Garda e delle montagne circostanti. Sin dal 1912, in questa zona si cerca di mettere la pallina in buca con precisione ed abilità. Grazie al clima mite è possibile giocare tutto l'anno in quest'area in un impianto idilliaco con vegetazione mediterranea, come ad esempio cipressi, ulivi e oleandri. Alla scuola di golf si garantisce il massimo supporto a principianti ed avanzati. In questo modo si possono affinare le proprie tecniche con i corsi personalizzati.

Via del Golf, 21
I-25088 Toscolano-Maderno
Tel. +39 0365 643006
www.golfbogliaco.com

MONTE BALDO – L'ELDORADO DELLO SPORT | Il massiccio montano troneggia maestosamente con i suoi oltre 2000 m d'altezza tra il fiume Adige e la riva est del Lago di Garda. Sono disponibili svariate attività sportive. In inverno si pratica sci e snowboard, si va a ciaspolare o si visita il parco invernale. Nei mesi più caldi si riscoprono le bellezze della natura con le camminate o il Nordic Walking, si fanno escursioni in mountain bike o ci si cimenta nel parapendio. A prescindere dall'attività sportiva praticata all'aria aperta, il Monte Baldo assicura meravigliose viste e una flora ed una fauna uniche. Grazie alla moderna funivia a cabine girevoli si sale rapidamente in quota da Malcesine ammirando un panorama straordinario.

MOUNTAIN BIKE | Nell'area settentrionale del Lago di Garda, dove le montagne dominano il lago, si sentono a proprio agio i ciclisti coraggiosi e in ottime condizioni fisiche. Quest'apprezzata area si estende per i pendii montani intorno a Riva del Garda, Torbole e Arco. In molti luoghi sono disponibili il noleggio e l'assistenza per mountain bike. Percorrendo i numerosi tracciati, non solo si promuove il benessere fisico, ma si può ammirare anche un panorama sensazionale.Gli amanti del Downhill prendono prima la navetta per la salita e sfrecciano a tutta birra in discesa.

Il Bike Festival di Riva (www.riva.bike-festival.de) ha luogo tutti gli anni in primavera ed attira innumerevoli fan del ciclismo da tutto il mondo.

www.gardatrentino.it

SPORT ACQUATICI AL LAGO DI GARDA | L'area settentrionale del Lago di Garda è un punto di ritrovo apprezzato per velisti e surfisti perché tutto gira intorno al vento che non manca davvero mai in questa zona. Di mattina soffia piuttosto una mite brezza da nord, mentre di pomeriggio un vento potente da sud. Gli amanti del wind surf e del kite surf e i velisti sono nel loro ambiente naturale praticando il loro sport del cuore con passione. Le scuole di surf e vela sono numerose lungo la riva nord, ad esempio a Torbole, Riva del Garda o Malcesine. Non solo è possibile muovere i primi passi, ma noleggiare anche l'attrezzatura necessaria.

BAMBINI

Dedicato ai piccoli eroi

Per gli ospiti che viaggiano con bambini al seguito è necessario un programma vario. Al Lago di Garda sono disponibili numerose possibilità. Gardaland è a ragione l'attrattiva principale del lago dove è facile trascorrere un'intera giornata. I parchi acquatici dotati di straordinari scivoli assicurano refrigerio e divertimento. E per tutti i visitatori che si interessano degli animali da tutto il mondo è consigliabile una visita al Parco Natura Viva.

GARDALAND (C 10) | Prezzemolo, un simpatico drago verde, ed i suoi amici vivono in un luogo fantastico e divertente, Gardaland. I turisti che preferiscono una visita vivono una grande avventura. Gardaland è stata fondata nel 1975 diventando il primo parco divertimenti d'Italia ed è il clou di tutte le vacanze al Lago di Garda. Le innumerevoli attrazioni per grandi e piccini sono una garanzia di momenti avvincenti. Le molteplici rappresentazioni, offerte durante il giorno in diverse posizioni, incantano gli spettatori con comicità, acrobazie e costumi sgargianti. E i visitatori che non riescono a sottrarsi a questo magico mondo in modo rapido possono pernottare in un hotel all'interno del parco.

Via Derna, 4
I-37014 Castelnuovo del Garda
Tel. +39 045 6449777
www.gardaland.it

PARCO NATURA VIVA (C 9) | Questo giardino zoologico consente ai turistic di ammirare gli animali esotici da vicino. Il parco safari rappresenta a ragione il punto clou. Con la propria auto i visitatori passano vicino a gracili giraffe, vivaci scimmie, leoni che riposano e zebre al pascolo. Durante la visita capita di riuscire a guardare le giraffe diritto negli occhi. Nel parco faunistico limitrofo, che si percorre a piedi, sono presenti gli animali di tutti i continenti in spazi ampi naturali. È stata creata persino un'area con riproduzioni dei dinosauri. In questa struttura tutta la famiglia può trascorrere una giornata ricca d'emozioni.

Località Quercia
I-37012 Bussolengo
Tel. +39 045 7170113
www.parconaturaviva.it

CANEVAWORLD AQUAPARK (C 9) | In questo parco acquatico sono assicurate ore d'allegria. I numerosi scivoli attirano i visitatori oltre alle numerose aree relax. Tutti i coraggiosi amanti dell'acqua possono concedersi divertimento e dinamismo a palate da marzo a settembre. Sia le famiglie con i bambini che gli amanti delle scariche di adrenalina sono di casa in questo paradiso degli scivoli perché si può scivolare su gommoni, sfrecciare per tunnel bui, schizzare su tappetini o fuggire da un vulcano in eruzione. I giocatori incalliti persino si tuffano in discesa nella caduta libera.Sono disponibili biglietti combinati ridotti con Movieland.

Via Fossalta, 58
I-37017 Lazise
Tel. +39 045 6969900
www.canevapark.it

NAVIGAZIONE ALL'INSEGNA DEL DIVERTIMENTO | L'attraversata in barca è un'esperienza emozionante per tutti i bambini. Il Lago di Garda è perfetto per queste attività perché ci sono numerosi collegamenti tra le singole località. Se si desidera percorrere i 50 km di lunghezza del Lago di Garda da nord a sud, si consiglia di programmare un'intera giornata. Le viste del lago e delle città incastonate sulla riva, i gabbiani striduli e la brezza fresca sono un'esperienza per grandi e piccini. È possibile acquistare i biglietti in tutti i porti o a bordo (con un supplemento).

Tel. +39 030 9149511
www.navigazionelaghi.it

RIOVALLI PARCO ACQUATICO (C 8) | Anche se il parco acquatico è leggermente nell'entroterra, vale la pena visitarlo. I bambini adorano gli scivoli d'acqua dai colori vivaci. In questa struttura possono scatenarsi a piacere e trascorrere ore divertenti. Per i piccoli visitatori è stata creata un'area originale in cui sguazzare, scivolare e schizzare acqua. I giochi d'acqua allestiti in modo piacevole fanno la felicità di tutti i bambini. Quando si smette di giocare con l'acqua, è possibile prendere il sole nell'ampio prato o scatenarsi nell'area giochi.

Località Fosse
I-37010 Cavaion Veronese
Tel. +39 045 6268392
www.riovalli.it

MOVIELAND – THE HOLLYWOOD PARK (C 9) | Movieland è il posto giusto per vivere una giornata emozionante in famiglia. I bambini dall'età delle scuole elementari ed abbastanza coraggiosi possono partecipare alla maggior parte delle attrazioni. Oltre agli spettacoli di stunt-man sono presenti anche numeri western musicali, un film 3D e parate da film. Le numerose attrattive adatte a famiglie, avventurose e anche cariche di adrenalina attendono i visitatori. Diabolik, un ottovolante, procede in avanti e all'indietro ad altissima velocità. Da Hollywood Tower si scende in caduta libera e con Kitt Super Jet si finisce in acqua.

Via Fossalta, 56
I-37017 Lazise
Tel. +39 045 6969900
www.movieland.it

NATURA

Dedicato a chi ogni giorno ama scoprire qualcosa di nuovo

Gli amanti della natura trovano in questa regione meravigliose oasi da scoprire ed ammirare. In qualsiasi località del Lago di Garda le viste del lago risultano sempre incantevoli. Le acque placano l'anima e il colore blu turchese assicura una sensazione di massimo relax. Per i visitatori interessati alla botanica, a Gardone Riviera c'è il giardino Heller o il Monte Baldo: ammirare la varietà floreale di queste zone è un'esperienza mozzafiato.

SIRMIONE (B 9) | Lungo una sottile lingua di terra sul Lago di Garda meridionale si trova il fiabesco centro storico di Sirmione. Passando per il ponte levatoio e la porta del possente castello scaligero si raggiunge il centro storico della città a traffico limitato. Salendo sulla torre del castello si ammira una vista pittoresca. Per raggiungere l'estremità della penisola, si segue il corso della riva o si percorrono le piccole viuzze. In un vasto oliveto si trovano infine le rovine di una villa romana (Grotte di Catullo). Sirmione merita una visita soprattutto in primavera e autunno perché nell'alta stagione si riversano masse di persone per le piccole viuzze.

www.grottedicatullo.beniculturali.it

PARCO BAIA DELLE SIRENE (B 7) | Il parco disposto sulla piccola penisola è un vero e proprio luogo incantevole. Il percorso è fiancheggiato da cipressi centenari e conduce fino alla punta. In questo punto si trovano un hotel di lusso, un ristorante, una taverna ed un piccolo e grazioso porto. L'atmosfera e la vista del lago sono uniche. Per fare un bagno, non è necessario raggiungere la punta, ma svoltare a destra nell'oliveto dove si trova una meravigliosa baia verde smeraldo con una spiaggia sabbiosa. Si consiglia di non lasciarsi sfuggire il meraviglioso tramonto.

Punta San Vigilio
I-37016 Garda
Tel. +39 045 7255884
www.parcobaiadellesirene.it

LA VARIETÀ FLOREALE DI MONTE BALDO (D 5) | Con oltre 2.000 m d'altezza il Monte Baldo è il massiccio montuoso più alto del Lago di Garda. Si estende per 35 km di lunghezza ed è anche chiamato „Hortus Europae" (giardino d'Europa). Gli amanti delle piante rimangono stupiti dalle oltre 600 specie diverse che crescono sui suoi pendii: campanule, raponzoli, primule, genziane, orchidee o stelle alpine, solo per citarne alcune.Il giardino botanico, fondato nel 1989, si estende per 20.000 m² ed accoglie tutte le specie del Monte Baldo. In questo modo è possibile ammirarle con calma. La descrizione esatta è riportata sui pannelli informativi.

Via General Graziani, 10
I-37020 Ferrara di Monte Baldo, Loc. Novezzina
www.ortobotanicomontebaldo.org

MUSEO DELLE PALAFITTE (C 1) | Affacciato direttamente sul Lago di Ledro blu turchese, il museo descrive la vita all'età del bronzo. Quando il livello del lago è sceso nel 1929, sono venuti alla luce numerosi pali. È stato rinvenuto uno degli insediamenti su palafitte più importanti d'Italia. Oggi è possibile vedere una ricostruzione di tre capanne. I numerosi pezzi d'esposizione mostrano la vita quotidiana degli uomini di 3500 anni fa. L'artigianato, agricoltura, allevamento e caccia scandivano la vita degli abitanti delle palafitte.

Via al Lago, 1
I-38060 Molina di Ledro
Tel. +39 464 508182
www.palafitteledro.it

GIARDINO HELLER (A 6) | Nei 10.000 m² circa del giardino botanico di André Heller vengono esposte circa 3.000 specie floreali esotiche provenienti da tutto il mondo. Le origini risalgono ad Arthur Hruska che all'inizio del XX sec. arrivò a Gardone Riviera e creò un giardino botanico. Da marzo ad ottobre non è solo possibile ammirare il variegato mondo floreale, ma anche una serie di opere d'arte. André Heller, un artista austriaco, ha creato un gioiellino paradisiaco in cui si trovano pace e relax in un contesto naturale unico.

Via Roma 2
I- 25083 Gardone Riviera
Tel. +39 336 410877
www.hellergarden.com

ISOLA DEL GARDA (A/B 7) | Sul lato ovest del Lago di Garda, presso San Felice del Benaco, c'è questa incantevole isola su cui si trova Villa Cavazza. La splendida struttura in stile neogotico veneziano è stata progettata ad inizio del XIX sec. ed è di proprietà privata. Le meravigliose terrazze e i graziosi giardini con piante dalla fioritura sgargiante fanno dell'isola una destinazione unica. Tanto da sentirsi come in una favola. È possibile raggiungere in barca l'isola ogni giorno tranne il lunedì e il sabato (aprile – ottobre) dall'area sud del lago. È possibile visitarla solo con una guida della durata di due ore circa.

Tel. +39 328 6126943
www.isoladelgarda.com

MALTEMPO

Per alternative di intrattenimento

In mancanza di sole, non c'è motivo per sentirsi sconfortati perché è possibile trovare il lato positivo anche delle giornate grigie. Perché non cogliere l'occasione per visitare il museo del vino o fare shopping? Reptiland è il posto giusto per i turisti che desiderano osservare serpenti e rettili da vicino. Mentre Sirmione è il posto ideale per tutti gli amanti del relax in acque termali.

TERME DI SIRMIONE (B 9) | Nei centri termali di Sirmione è possibile far librare l'anima e rilassarsi completamente. Nel 1889 il sommozzatore Procopius scoprì la sorgente Boiola nel Lago di Garda. L'acqua sulfurea che sgorga a 69 °C viene convogliata alle terme attraverso un sistema di tubature. Una volta confermato l'effetto curativo, Sirmione è diventata una località termale. Il centro benessere Aquaria in un ampio parcheggio è alimentato dalle acque termali. Il massimo relax: sauna, bagno turco o trattamenti benessere su prenotazione.

Tel. +39 030 990 4923
www.termedisirmione.com

MUSEO DEL VINO (C 8) | Sulle colline sopra Bardolino è possibile fare un viaggio nel mondo del vino. Gaetano Zeni ha realizzato un'esposizione nella sua azienda vinicola in cui si osserva il processo produttivo del vino in modo piacevole. Com'è la cura del vigneto? Quali strumenti sono necessari per la lavorazione dei grappoli? Come si riempiono le bottiglie di vino? Vengono fornite spiegazioni su tutti questi aspetti e molto altro ancora. Viene offerto anche uno sguardo dietro le quinte della produzione in corso. Nella galleria degli odori si annusano gli aromi e i profumi.Poi si passa alla degustazione dei vini raffinati presso l'enoteca.

Via Costabella, 9
I-37011 Bardolino
Tel. +39 045 7210022
www.museodelvino.it

GARDALAND SEA LIFE AQUARIUM (C 10) | In questo affascinante mondo subacqueo è possibile ammirare una grande quantità di animali acquatici. Oltre 40 acquari, riempiti con acqua dolce o salata, accolgono pesci sgargianti, deliziosi cavallucci, tranquille stelle marine e leggiadre meduse. Lo speciale tunnel subacqueo consente di osservare razze, squali e pesci anche dal basso. Due volte al giorno si effettua il foraggiamento degli squali con informazioni su questi animali spesso temuti. Nel regno dei leoni marini è possibile osservare questi amabili animali di mare.

Via Derna, 4
I-37014 Castelnuovo del Garda
Tel. +39 045 6449777
www.gardaland.it
www.visitsealife.com

MUSEO DELL'OLIO D'OLIVA (C 8) | L'ulivo, con le sue foglie argento-verdi brillanti che dondolano al vento, è la pianta tipica della riva orientale del Lago di Garda. Dato che in quest'area il clima è mite, la coltivazione degli ulivi ha lunga tradizione. Umberto Turri, produttore di olio d'oliva, ha inaugurato nel 1988 il primo museo dell'olio d'oliva d'Italia a Cisano (Bardolino). Oltre ai filmati sulla storia del succo giallo oro, l'esposizione mostra anche gli strumenti della produzione. L'ingresso al museo è gratuito. Nel negozio adiacente è possibile acquistare i prodotti a base di olio d'oliva.

Via Peschiera, 54
I-37011 Cisano (Bardolino)
Tel. +39 045 6229047
www.museum.it

REPTILAND (D 1) | Nel centro di Riva del Garda è possibile ammirare serpenti, ragni, scorpioni e simili da vicinissimo. Infatti in questa struttura sono esposti questi animali in un contesto naturalistico. Non è soltanto possibile osservare con calma il mamba verde, il serpente a sonagli, il pitone tigre, la tarantola e lo scorpione gigante, ma conoscere anche molte curiosità su questi animali spesso temuti. L'offerta del rettilario è completata dalle farfalle dai colori cangianti.

Piazza Garibaldi, 2
I-38066 Riva del Garda
Tel. +39 348 7948389
www.reptiland.it

IL LEONE SHOPPING CENTER (A 10) | In questa struttura si trovano indumenti e calzature italiani ed internazionali, cosmetici, gestori delle telecomunicazioni, articoli decorativi e prodotti alimentari. Dalle 9 alle 22 i due piani con una superficie di vendita di 45.000 m^2 fanno dello shopping un vero e proprio piacere. Questo mix di negozi è completato da una variegata offerta gastronomica. Tutti i piccoli si sentono come a casa nell'area bambini dotata di cinema, postazione pasti e fai-da-te, e scale e scivoli.

Via Mantova, 36
I-25017 Lonato del Garda
www.illeonedilonato.com

CAMMINATA 1

PIEVE – BOCCA DI NEVESE • 763 m

1

Pascoli al centro di una cultura paesana intatta

7,5 km 2:40 h 450 m 450 m

Questo percorso si trova nel quadrato di coordinate C 3
Passeggiata semplice 33 della guida „Lago di Garda“ (5743)
Autore: Christian Schulze

INIZIO | Pieve (413 m), parcheggio di Via Liver, bus alla rotonda.
CARATTERE | Giro turistico per boschi e prati ricco di viste panoramiche. Strade semplici ed alcuni sentieri naturali. Spesso le località interne sono scarsamente segnalate.

Pieve è uno dei villaggi più belli del paese ed è un vero e proprio luogo caratteristico. Prima o dopo la passeggiata si consiglia di non farsi sfuggire le piccole viuzze e le cosiddette "terrazze". Si consiglia anche un giro in automobile per la gola di Brasa: emozionante, romantica e selvaggia.

▶ Dalla chiesa di San Giovanni Battista la Via IV Novembre sale verso Viale Europa a lato della scalinata. Attraver-

Il ristorante Miralago con una delle „terrazze“ di Pieve

sandolo e raggiungendo Via Palazzo/ Via Sabionera tra le case si procede in direzione nord-ovest sulla strada sterrata. Lungo la strada del paese si svolta a sinistra e alla biforcazione si svolta a sinistra prendendo il percorso 209 a picco giù per il sentiero del bosco. Passando per il ruscello si prosegue per la Valle di Larino in discesa.

All'incrocio successivo si svolta a sinistra in salita e si passa per una strada attraverso una casa verso Priezzo. Si svolta a sinistra ed immediatamente a destra passando per Via Levante, si prosegue a destra per Via dei Gregoi fino alla fermata del bus, poi in salita a Via Musio. Si percorre una curva ad "S" e alla biforcazione si svolta a sinistra (Via Voltofol) per Musio. Proseguendo a destra, si passa per un'altra strada attraverso una casa e alla fine della località si attraversa un sentiero del bosco proseguendo in salita. Si passa dal resort Geo e si svolta a sinistra nella località di Sompriezzo. Oltre alla graziosa chiesa rosa, vale la pena fare una sosta al ristorante La Rocchetta. Di fronte alla chiesa seguire la strada verso il parcheggio e curvare immediatamente a sinistra verso il sentiero nel prato (267) che attraversa il bosco ed è stato recentemente realizzato e dotato di una buona segnaletica. Si passa da un ex-forno per calce, poi dalla sosta "La Tartufaia", sempre leggermente in salita. Alla biforcazione prima di Voiandes nord si segue a sinistra il percorso 267 o il sentiero da Nordic Walking (n. 3). Poco dopo si svolta ancora a destra. Il terreno diventa sassoso. Si osserva il meraviglioso

L'altopiano presso Bocca di Nevese

pascolo di Tremosine. Si passa dalla strada immediatamente a sinistra e da Cà del Lupo. Si percorre Via Nevese in salita per il bosco, passando dalla biforcazione si svolta a destra lungo il bordo del bosco e si passa per una grande fattoria.

A Bocca di Nevese si osservano i prati dell'altopiano. A sud si ergono sul lago Monte Castello e Denervo. Si procede in discesa sulla strada verso Pregasio. Dopo 10 min si fa una sosta a sinistra. Si attraversa il bosco svoltando a sinistra verso est passando per Via Fontenei e Via Coste e scendendo verso Mezzema lungo grandi curve lungo le residenze. Quindi si svolta a sinistra e si segue Via Mezzema per proseguire verso Pieve per 15 min circa. Dopo una svolta a destra in Via L. Turri, lungo Viale Europa si svolta a sinistra fino alla scalinata che riporta alla chiesa di Pieve.

CAMMINATA 2

MONTE ALTISSIMO DI NAGO • 2079 m

2

Tranquillo giro delle vette panorama d'eccellenza

8,5 km 3:00 h 520 m 520 m

Questo percorso si trova nel quadrato di coordinate D 2–3
Giro facile 66 tratto dalla guida "Lago di Garda" (5743)
Autore: Christian Schulze

INIZIO | Bocca del Creer, 1617 m (strada panoramica di Monte Baldo).

CARATTERE | Giro su ampie strade commerciali. Salita su sentieri nei prati. Non ci sono difficoltà, ma il percorso è sempre al sole. Si consiglia di portare protezione solare e acqua.

▶ Innanzitutto si gira direttamente a lato di Bocca del Creer a sinistra intorno al ristorante di montagna Rifugio Graziani andando diritto al segnale successivo lungo il percorso 650. Si passa da un piccolo parcheggio, quindi si scende leggermente verso nord lungo un'ampia strada sterrata. Dopo solo 40 min, dopo una recinzione elettrificata ed uno stagno per il bestiame, si trova Malga Campo. In questa struttura sono in vendita formaggi, burro e latte. Vale davvero la pena di fare una corsa alla croce sulla vetta di Monte

Vista pazzesca al segnale di Busa Brodeghera

Vista sensazionale del Monte Altissimo di Nago

Campo (1666 m) con una fantastica vista della valle dell'Adige. Immediatamente prima degli edifici della malga si svolta a sinistra (n. 622) lungo i sentieri che descrivono un grande arco a destra a sud-ovest. Procedendo verso il monte si attraversano alcuni tornanti della malga Pra delle Valsirve.

Con un sentiero trasversale si procede verso destra fino a Bocca Paltrane dove si svolta a sinistra verso Altissimo (n. 622). Non è ancora possibile vedere il Lago di Garda, ma si apprezzano le viste di Corna Piana e delle malghe circostanti. Passando da una ex-postazione bellica si sale lungo un grazioso sentiero di montagna attraverso i prati verso il Rifugio Damiano Chiesa. In questa area si consiglia di fare una pausa e un giro della vetta.

Il punto più alto del Monte Altissimo è contrassegnato da un telaio in ferro. Tuttavia è più interessante l'altopiano adiacente con la piccola cappella in pietra (monumento commemorativo delle vittime di guerra), le trincee e le piccole grotte. In alto su un muro si gode un panorama a 360°.

Sulla strada di guerra, vecchia e pietrosa, „Sentiero della Pace", si procede verso sud-ovest in posizione panoramica verso il segnale Busa Brodeghera. La cresta del Monte Baldo si trova di fronte. A questo punto si scende verso sud-ovest per lunghe svolte. Si passa da una Madonnina in una grotta rocciosa fino a quando non si raggiunge nuovamente il Rifugio Graziani meritando un po' di ristoro.

ACTION

For those looking for adventure

Adventurous travellers can definitely get their adrenaline kicks on Lake Garda. Climbing here requires physical conditioning, precision, a head for heights, courage and mental strength. The high rope courses offer something for all levels of difficulty. The mighty cliffs in the northern area of Lake Garda are also ideal for sport climbing. If you prefer to stay on the ground, try karting or canyoning for an action-packed day on the water.

CANYONING | Canyoning offers you an adventurous experience in the wild waters. You follow a natural watercourse on foot, slip or jump in pools and rappel into waterfalls. The mountain guides of „Mmove-into nature" offer adventurous tours ranging from easy to difficult. This way, both beginners and experienced participants can get their money's worth. Even families with children can take part in selected tours. The experience takes anywhere from three to eight hours. Trips start in Arco, Riva del Garda or Torbole, and then go to Ledro Valley or Tignale.

Mmove-into nature
Tel. +39 334 2193862
www.mmove.net

PARAGLIDING (C/D 3/4) | Glide freely through the air like a bird and let your gaze wander over the miniature world below – this is paragliding. You can try this activity in Malcesine; with the cable car, you can reach Monte Baldo in no time. There are ideal starting points up there. If you would like to get a breath of fresh air, book a tandem flight that lasts around 20 to 30 minutes. If you need an extra adrenaline kick, you can even make wing overs or spiral turns on request. The flight will be captured on video, so that you can remember it for a long time.

Fly2Fun
Tel. +39 334 9469757
www.tandemparagliding.eu

JUNGLE ADVENTURE PARK (C 6) | Thrills and fun are guaranteed on a visit to the climbing forest. Five courses of varying degrees of difficulty ensure adventurous fun at dizzying heights for kids (three years and older) and adults. You need to overcome various elements like suspension bridges, nets, rings, tubes, and much more. It makes you feel like Tarzan or Robin Hood. The Flying Fox Course is particularly exciting. You fly from one platform to the next, secured to a cable. And do not forget: bring a dose of courage!

Via Pineta Sperane
I-37010 San Zeno di Montagna
Tel. +39 045 6289306
www.jungleadventurepark.com

BUSATTE ADVENTURE (D 1/2) | Anyone who needs an adrenaline kick from time to time will be happy in the high ropes course in the Busatte Adventure Park. The five different courses provide fun, games and excitement for both young and old. This spacious park high above Lake Garda offers other action-packed activities. The mountain bike trails and the BMX track make every brave cyclist's heart beat faster. If you want to relax and recover, you will find a nice spot between the pine trees and the olive groves.

Via delle Busatte
I-38069 Nago-Torbole
Tel. +39 347 2880570
www.busatteadventure.it

SOUTH GARDA KARTING (A 10) | The go-cart track in Lonato, not far from Desenzano, guarantees fast fun. The 1,200-m long track is challenging – it is even home to international kart races. Successful Formula 1 drivers have raced here. Mini-karts are available for kids above eight years of age (min. 1.30 m in height), as well as sports karts and two-seaters. The goal here is to keep your nerve and fight for your spot, because in the end there can only be one winner. Whoever has the fastest lap, wins. And there will definitely be time for a rematch.

Via Monti Slossaroli
I-25017 Lonato del Garda
Tel. +39 342 5640590
www.southgardakarting.it

ALPINE CLIMBING | The north of Lake Garda is surrounded by massive mountains. The rock walls are perfect for climbing – which explains why there are numerous climbing areas. The difficulty of the routes varies between 3 and 8. Particularly popular climbing areas are located in Arco, Riva del Garda and Nago. The Segrom climbing area by Nago is the largest and comprises 123 routes. The climbing area Passo San Giovanni offers 36 routes and is also located near Nago. Spiaggia delle Lucertole between Torbole and Navene has 19 routes. No matter where you go, magnificent views and challenging routes are guaranteed.

www.gardatrentino.it

ACTIVE

For recreational fun

A Lake Garda holiday without sports is like bread without butter – almost unthinkable. There are options galore. Pack your backpack, put on your hiking boots and off you go on one of the many trails. Cyclists will also find their El Dorado here, particularly in the spectacular mountains. Not to mention that Lake Garda is Italy's largest lake, so water sports should not be neglected.

HIKING IN THE VALLEY OF THE PAPER MILLS (B 6) | You can do a leisurely but charming hike in the Valle delle Cartiere (valley of the paper mills). A number of paper mills were built along the banks of the Toscolano river as early as the Middle Ages. The water drove the mills and the local paper was in demand for centuries. A former factory houses the Museo della Carta, which tells the story of the valley, paper making and printing. The valley itself is a large open-air museum; remnants of factories are evident all over. The return route can go through the village of Gaino.

Starting point: Visitor parking Valle delle Cartiere,
I-25088 Toscolano-Maderno
www.valledellecartiere.it

SWIMMING PARADISE LAKE GARDA | With a surface of almost 370 km², Lake Garda is the largest lake in Italy. Its fantastic location makes it a popular destination for young and old from all over. Its turquoise blue colour, great water quality and pleasant temperature make it a paradise for swimming. There are numerous, wonderful beaches around the lake. It is sometimes hard to choose, because each one has its own special flair. Worth mentioning are the Spiaggia dei Pini in Riva del Garda, the Spiaggia Mirabello in Bardolino, the Lido delle Bionde in Sirmione and the Spiaggia Cola in Limone sul Garda. But if you take your time, you will discover many more charming places for sunbathing and swimming.

BOGLIACO GOLF RESORT (B 5) | Located on a hill, this 18-hole golf course offers a wonderful view of Lake Garda and the surrounding mountains. People have been playing here since 1912. Given the mild climate, you can golf here year-round in an idyllic setting with cypresses, olive trees and oleanders. The golf school caters to beginners and advanced players alike. You can improve your technique in individual training sessions.

Via del Golf, 21
I-25088 Toscolano-Maderno
Tel. +39 0365 643006
www.golfbogliaco.com

MONTE BALDO – A SPORTS LOVER'S EL DORADO | With a height of over 2000 m, the mountain massif between the River Adige and the eastern shore of Lake Garda is a magnificent sight. The range of sports options is varied. In winter you can ski or snowboard, go snowshoeing or have fun in the snow park. In the warmer months you discover the beauties of nature while hiking or Nordic walking, riding a mountain bike or paragliding. No matter which outdoor sport you choose, Monte Baldo promises wonderful views and unique flora and fauna. You can take the modern cable car – with a rotating cabin – from Malcesine up Monte Baldo and enjoy a fantastic panorama.

MOUNTAIN BIKING | Fit and courageous mountain bikers feel at home in the northern part of Lake Garda, where the mountains tower far above the lake. The popular area stretches over the hillsides around Riva del Garda, Torbole and Arco. Mountain bike rentals and service can be found in many places. The countless trails not only offer great exercise, but spectacular views, as well. If downhill is your thing, take the shuttle bus up the hill and then rush down the trails.

The Bike Festival in Riva (www.riva.bike-festival.de) takes place every spring and attracts countless cyclists from all over the world.

www.gardatrentino.it

WATER SPORTS ON LAKE GARDA | The northern part of Lake Garda is a popular meeting point for sailors and surfers, since the wind is quite reliable here. In the morning a breeze blows from the north; in the afternoon there is a strong wind from the south. Passionate windsurfers, kitesurfers and sailors love it here. Surf and sailing schools can be found in many places on the north shore, for example in Torbole, Riva del Garda or Malcesine. You can start to learn here, as well as rent the necessary equipment.

KIDS

For little heroes

When travelling with children, you need diverse activities. Lake Garda offers many options. Gardaland is probably the main attraction on the lake. You can easily spend an entire day here. Water parks and their slides help you cool off and have fun. A visit to the Parco Natura Viva is recommended to anyone interested in animals from all over the world.

GARDALAND (C 10) | Prezzemolo, a friendly green dragon, and his friends live in a fantastic and fun place: Gardaland. If you would like to visit them, you will experience great adventures. Gardaland was founded in 1975 – the first amusement park in Italy – and is the highlight of every Lake Garda vacation. Countless rides for young and old make for exciting moments. The many shows offered at different locations throughout the day include humour, acrobatics and colourful costumes. And those who cannot escape the magical world so quickly can stay overnight in the hotel.

Via Derna, 4
I-37014 Castelnuovo del Garda
Tel. +39 045 6449777
www.gardaland.it

PARCO NATURA VIVA (C 9) | This zoological garden is the right place for anyone who wants to see exotic animals up-close. The main highlight is the safari park. You drive past graceful giraffes, lively monkeys, resting lions and grazing zebras. Sometimes you have the chance to look a giraffe in the eyes. In the adjoining fauna park, you walk through natural habitats and see animals from all continents. There is even an area with dinosaur replicas. The whole family can spend an exciting day here.

Località Quercia
I-37012 Bussolengo
Tel. +39 045 7170113
www.parconaturaviva.it

CANEVAWORLD AQUAPARK (C 9) | Hours of wet and wild fun are guaranteed in this water park. There are many slides, as well as places to relax. Water lovers can have plenty of fun and action here from March to September. Families with children and adrenaline junkies alike love it here, because here you can slide down on tires, flit through dark tubes, speed down on mats or flee from an erupting volcano. There is even a free fall straight down for the bravest visitors. Discounted combination tickets with Movieland are available.

Via Fossalta, 58
I-37017 Lazise
Tel. +39 045 6969900
www.canevapark.it

A BOAT TRIP IS FUN … | Every child loves a boat trip. Lake Garda is perfect for this, because there are numerous connections between the individual villages. If you want to cross Lake Garda from north to south (over 50 km), you need to plan a whole day for it. The views of the lake and the towns nestled on the shore, the screeching seagulls and the cool breeze are a wonderful experience for young and old alike. Tickets are available at each port or on board (surcharge).

Tel. +39 030 9149511
www.navigazionelaghi.it

RIOVALLI PARCO ACQUATICO (C 8) | Although this water park is a bit inland, it is still worth a visit. Kids love the colourful waterslides. They can have fun to their heart's content here. There is a separate area for kids, where they can slide and splash with pleasure. The well-designed water games delight every child's heart. If you have had enough of the water, you can rest on the huge lawn or play in the playground.

Località Fosse
I-37010 Cavaion Veronese
Tel. +39 045 6268392
www.riovalli.it

MOVIELAND – THE HOLLYWOOD PARK (C 9) | If you are looking for fun for the whole family, Movieland is the place to be. Children ages 5 and up can take part in most of the attractions. In addition to action-packed stunt shows, there are also musical Western activities, a 3D film and parades. Many rides await the guests, from family-friendly to adventurous. Diabolik is a roller coaster that drives both forward and reverse at breakneck speed. You can go down in a freefall from the Hollywood Tower and get pretty wet on the Kitt Super Jet.

Via Fossalta, 56
I-37017 Lazise
Tel. +39 045 6969900
www.movieland.it

NATURE

For fascinating discoveries

Nature lovers will find wonderful oases to discover and marvel at in the region. No matter where you are on Lake Garda, the views of the lake are enchanting. Water calms our soul and the turquoise blue colour brings pure relaxation. If you are interested in botany, visit the Heller Garden in Gardone Riviera or the Monte Baldo – there is a breath-taking variety of plants to admire.

SIRMIONE (B 9) | The fairy-tale old town of Sirmione lies on a narrow promontory on southern Lake Garda. You reach the historic city centre by going over the drawbridge and through the gate of the mighty Scaliger Castle. If you climb the castle tower, you will be rewarded with a picturesque view. To reach the end of the peninsula, walk along the shore or make your way through the narrow streets. The remains of a Roman villa (Grotte di Catullo) are located in an extensive olive grove. The spring and autumn are ideal times to visit Sirmione, as it can get quite crowded in the summer.

www.grottedicatullo.beniculturali.it

PARCO BAIA DELLE SIRENE (B 7) | This park, situated on the small peninsula, is a truly enchanting place. The path is lined with centuries-old cypress trees and leads to the headland. There is a luxury hotel, a restaurant, a tavern and a small harbour. The atmosphere and the view of the lake are unique. If you want to swim, turn right into the olive grove, where you will find a beautiful, emerald green bay with a pebble beach. The beautiful sunset should not be missed.

Punta San Vigilio
I-37016 Garda
Tel. +39 045 7255884
www.parcobaiadellesirene.it

PLANT DIVERSITY ON MONTE BALDO (D 5) | At over 2,000 m, Monte Baldo is the highest mountain massif on Lake Garda. It stretches over 35 km and is also called „Hortus Europae" (the Garden of Europe). Plant lovers will love it here, as more than 600 different species grow on the slopes. Bellflower, Crested Devil's Claw, Splendid Primrose, Gentian, Orchid and Edelweiss, to name but a few. The Botanical Garden, founded in 1989, covers 20,000 m^2 and is home to all the plant varieties on Monte Baldo. This means you can view them all in peace. Precise descriptions can be found on the information boards.

Via General Graziani, 10
I-37020 Ferrara di Monte Baldo,
Loc. Novezzina
www.ortobotanicomontebaldo.org

MUSEO DELLE PALAFITTE (C 1) | This museum, located on the Lago di Ledro, covers life during the Bronze Age. When the water level of the lake was lowered in 1929, countless piles came to light; one of the most important pile dwellings of Italy had been found. Today, a reconstruction of three huts can be seen here. Numerous exhibits describe the everyday life of people over 3500 years ago. Craft activities, agriculture, livestock and hunting defined the life of the stilt dwellers.

Via al Lago, 1
I-38060 Molina di Ledro
Tel. +39 464 508182
www.palafitteledro.it

HELLER GARDEN (A 6) | At around 10,000 m^2 , André Heller's botanical garden is home to about 3,000 exotic varieties of plants from all over the world. The history goes back to Arthur Hruska, who came to Gardone Riviera and created a botanical garden back in the early 20th century. Open from March to October, you can also admire an extensive art collection, in addition to the variety of plants. Austrian artist André Heller created a jewel in which one can find peace and relaxation in a unique natural setting.

Via Roma 2
I- 25083 Gardone Riviera
Tel. +39 336 410877
www.hellergarden.com

ISOLA DEL GARDA (A/B 7) | This magical island lies on the west side of Lake Garda, near San Felice del Benaco. It is home to the Villa Cavazza. This magnificent Neo-Gothic-Venetian building was built in the early 19th century and is privately owned. Stunning terraces and beautifully landscaped gardens with colourful flowering plants make the island a unique destination. It feels like a fairy-tale world. The island is accessible by boat every day except Mondays and Saturdays (April – Oct) from the southern part of the lake. A visit is only possible as part of a guided tour, which takes about two hours.

Tel. +39 328 6126943
www.isoladelgarda.com

RAINY DAYS

For indoor adventures

If the sun is not shining, there is still plenty to experience here in the region. How about a visit to the wine museum or some shopping? If you prefer to see snakes up close and personal, Reptiland is the place for you. Those who want to relax in warm waters will feel at home in Sirmione.

TERME DI SIRMIONE (B 9) | Simply relax and unwind in the thermal baths of Sirmione. In 1889, the diver Procopius discovered the Boiola spring in Lake Garda. The sulphurous water, which bubbles out at a temperature of 69 °C, has since been piped into the spa. The healing effect has been confirmed and so Sirmione established itself as a health resort. The Aquaria Wellness Centre, located in a spacious park, is also supplied with thermal water. Pure relaxation: in the sauna, in the steam bath or during wellness treatments.

Tel. +39 030 990 4923
www.termedisirmione.com

MUSEO DEL VINO (C 8) | On the hills above Bardolino you can take a journey through the world of wine. Gaetano Zeni has set up an exhibition at his winery. He presents the entire production process, from vine to wine. How do you take care of a vineyard? Which tools do you need to process the grapes? How is the wine bottled? The museum explains all this and more. You even get insight into the wine being made currently on the premises. In the scent gallery, you get to experience the various aromas. The tour finishes with a wine tasting. .

Via Costabella, 9
I-37011 Bardolino
Tel. +39 045 7210022
www.museodelvino.it

GARDALAND SEA LIFE AQUARIUM (C 10) | You can admire a lot of aquatic animals in this fascinating underwater world. More than 40 fresh and salt-water aquariums house colourful fish, adorable seahorses, calm starfish and graceful jellyfish. One special feature is the transparent underwater tunnel – you can observe rays, sharks and fish from below. The shark feeding takes place twice a day, during which you can learn about these often dreaded animals. In the realm of sea lions you have the opportunity to observe those lovable animals of the sea.

Via Derna, 4
I-37014 Castelnuovo del Garda
Tel. +39 045 6449777
www.gardaland.it
www.visitsealife.com

REPTILAND (D 1) | If you want to get up close and personal with snakes, spiders, and scorpions, you should visit Reptiland in the centre of Riva del Garda. You can see green mambas, rattlesnakes, tiger pythons, tarantulas and giant scorpions here and learn all about the often scary animals. The reptile house also has a section with colourful, shimmering butterflies.

Piazza Garibaldi, 2
I-38066 Riva del Garda
Tel. +39 348 7948389
www.reptiland.it

MUSEO DELL'OLIO D'OLIVA (C 8) | The olive tree, with its silvery-green shimmering leaves, is typical of the eastern shore of Lake Garda. Olive growing has a long tradition here, due to the mild climate. Umberto Turri, himself an olive oil producer, opened Italy's first olive oil museum in Cisano (Bardolino) in 1988. In addition to films about the history of the golden yellow juice, the exhibition also shows equipment for the production. Entry to the museum is free. You can purchase olive oil products in the adjacent shop.

Via Peschiera, 54
I-37011 Cisano (Bardolino)
Tel. +39 045 6229047
www.museum.it

IL LEONE SHOPPING CENTER (A 10) | Anyone looking for Italian and international clothing and footwear, cosmetics, cell phone providers, decorative items or groceries will find what they need here. Two floors with a sales space of 45,000 m^2 provide pure shopping pleasure daily from 9 am to 10 pm. There is also a diverse selection of eating options. All the little ones enjoy the children's area with cinema, painting and craft station as well as climbing and sliding facilities.

Via Mantova, 36
I-25017 Lonato del Garda
www.illeonedilonato.com

HIKING TOUR 1

PIEVE – BOCCA DI NEVESE • 763 m

1

Alpine meadows and intact village culture

7.5 km 2:40 h 450 m 450 m

This tour can be found on grid C 3
Easy hike 33 from the guide „Lake Garda“ (5743)
Author: Christian Schulze

START | Pieve (413 m), parking in Via Liver, bus at the roundabout.
CHARACTERISATION | Round trip through forests and fields with magnificent views. Mostly simple roads, some nature trails. Often sparsely marked.

Pieve, one of the most beautiful villages in the country, is a real highlight. Either before or after the hike, do not miss the narrow streets and so-called "shudder terraces". Access by car through the Brasa gorge is definitely recommended. . . Extremely exciting and wildly romantic.

Starting at the church of San Giovanni Battista, take Via IV Novembre up to Viale Europa. Cross this road and go straight on Via Palazzo/Via

The Ristorante Miralago with one of the „shudder terraces“ in Pieve

The plateau at Bocca di Nevese

Sabionera between the houses, heading north-west. At the village road, go left and when you reach the junction turn left onto Trail 209 and go down the steep forest road. Cross the stream and continue down the Valle di Larino.

At the next intersection, turn left and drive through the house to Priezzo. Turn left and then right onto Via Levante, then right onto Via dei Gregoi. Go to the bus stop and then up Via Musio. After the s-bend, take a sharp left at the fork (Via Voltofol) to the houses of Musio. Continue on the right, through another house passage and, at the end of the town, head up the beautiful forest path. Pass the Geo Resort and turn left into the small, picturesque town of Sompriezzo.

A stop at the beautiful, pink church as well as the restaurant La Rocchetta is recommended. In front of the church, head down the street in the direction of the car park, then turn left into the magnificent meadow path (267). This goes into the forest; the trail is new and well-marked. Head past the former lime kiln and the rest area „La Tartufaia", going uphill gently. At the branch just before the northern Voiandes, go left on Trail 267 or the Nordic walking route (No. 3). Turn right again shortly after that. The path gets rocky. You have a view of the wonderful alpine meadows of Tremosine. Go left on the road and head to hotel Cà del Lupo. Here, take Via Nevese up through a forest; go right at the fork and head along the edge of the forest past a large farmstead.

At the Bocca di Nevese, you have a view of the pastures of the plateau in every direction. Monte Castello and Monte Denervo tower high above the lake to the south. Go straight down on the road in the direction of Pregasio. Keep left after 10 minutes. Then head east through the woods on Via Fontenei and Via Coste in large turns past the houses down to Mezzema. Follow the Via Mezzema left for about 15 minutes towards Pieve. Turn right onto Via L. Turri, left onto Viale Europa and then you reach the steps that go back to the church in Pieve.

HIKING TOUR 2

MONTE ALTISSIMO DI NAGO • 2079 m

2

Cosy summit tour with panoramic views

8.5 km · 3:00 h · 520 m · 520 m

This tour can be found on grid D 2–3
Easy route from the guide „Lake Garda“ (5743)
Author: Christian Schulze

START | Bocca del Creer, 1617 m (Monte Baldo highway).
CHARACTERISATION | Mainly on wide agricultural roads. Ascent over meadow paths. Not difficult, but there is no shade; bring sunscreen and water.

▶ First, bypass the restaurant Rifugio Graziani on the left (next to the Bocca del Creer) and follow the signpost straight ahead for Trail 650. Head past a small car park, then slightly downhill and to the north on a wide gravel road. After 40 minutes, you reach an electric fence and cattle pond on the idyllic Malga Campo. You can buy cheese, butter and milk. The ten-minute detour to the summit cross of Monte

Amazing view at the signpost Busa Brodeghera

Sensational view from Monte Altissimo di Nago

Campo (1666 m) offers fantastic views of the Adige Valley. Shortly before the pasture buildings, turn left (No. 622) on trails that head to the southwest in a large arc to the right. Cross some of the serpentine curves of the Pra delle Valsirve alpine pastures.

At a crossroad, turn right to Bocca Paltrane. There, take a sharp left towards Altissimo (No. 622). There is still no sign of Lake Garda, but you can enjoy the view of Corna Piana and the surrounding pastures. Head past the former military positions and up the slightly steep mountain path through lush meadows to the Rifugio Damiano Chiesa. Here we recommend a long rest including a trip to the summit. The highest point of the Monte Altissimo is marked by an iron frame. More interesting, however, is the neighbouring plateau with the small stone chapel (war memorial), trenches and small caves. On top of a semi-circular wall you can take in a wonderful panoramic view.

Head down the old stony war road, the "Sentiero della Pace", to the signposted Busa Brodeghera. The Monte Baldo ridge is opposite. Head downhill in long turns to the southeast. Go past a small Madonna in a cave and continue until you reach the Rifugio Graziani again, where you have earned a break.

1 Riva del Garda

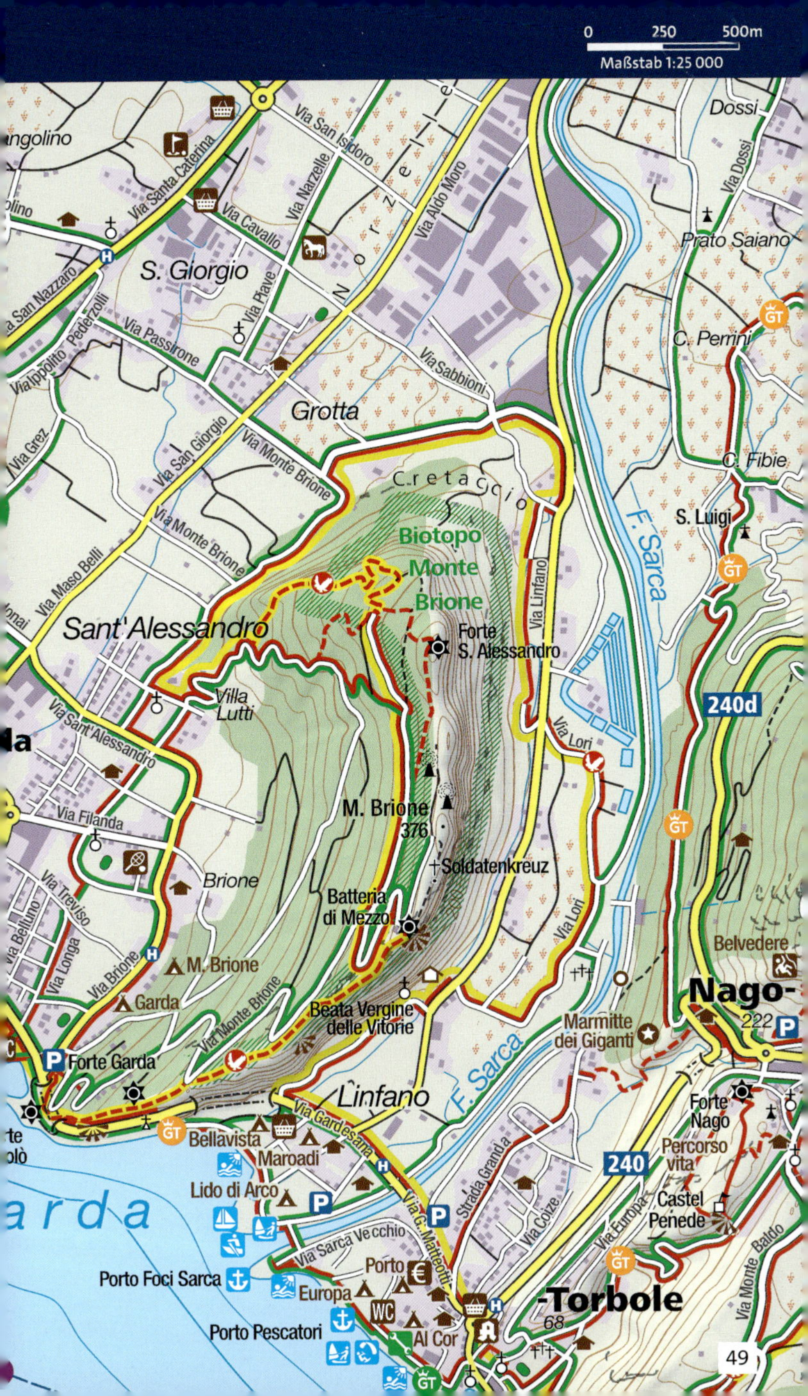
0
250
500m
Maßstab 1:25 000
Dossi
Via Dossi
ngolino
Via San Isidoro
Via Santa Caterina
Via Narzelle
Norzelle
Via Aldo Moro
Via Cavallo
S. Giorgio
Prato Saiano
Via San Nazzaro
Via Ippolito Pederzolli
Via Piave
Via Passirone
C. Perrini
Via Sabbioni
Grotta
Via Grez
Via San Giorgio
Via Monte Brione
Cretaccio
C. Fibie
S. Luigi
F. Sarca
Via Monte Brione
Biotopo
Monte
Brione
Via Maso Belli
Via Linfano
Sant'Alessandro
Forte
S. Alessandro
Villa
Lutti
240d
Via Sant'Alessandro
Via Lori
Via Filanda
M. Brione
376
Soldatenkreuz
Brione
Via Treviso
Batteria
di Mezzo
Via Belluno
Via Longa
Via Brione
M. Brione
Via Lori
Belvedere
Garda
Nago-
222
Via Monte Brione
Beata Vergine
delle Vitorie
Marmitte
dei Giganti
Forte Garda
Linfano
F. Sarca
Via Gardesana
Forte
Nago
Bellavista
Maroadi
Percorso
vita
240
Strada Granda
Lido di Arco
Castel
Penede
arda
Via Coize
Via Europa
Via G. Matteotti
Via Sarca Vecchio
Porto
Via Monte Baldo
Porto Foci Sarca
Europa
WC
-Torbole
68
Porto Pescatori
Al Cor

M. Tremalzo
1973
Bocca di Val Marza
1787
224
1863
Corno d. Marogna
1952
V. dei Gatum
1637
Passo dei Gaton
C. Tuflungo
1710
Passo Pra della Rosa
1446
1384
M. Nota
451
Rifugio d. Passo No
1200
Sentiero Antonioli
Rifugio Alpini Fratelli Pedercini
V. Tuflungo
218
V. del Piles
Bocca di Fobia
1286
V. Ceres
121
217
Muravalle
222
V. Pra delle Noci
C. Pilastro
1387
V. Trenega
Acqua Benedetta
C. delle Sclape
1534
221
-di Sopra
Nalbo
-di Sotto
V. Tregado
Punta Molvina
1522
V. di Nalbo
Valle di Bondo
231
V. Tregadon
219
Bocchetta di Nansesa
1294
228
La Colma
1092
Bosso C
925
220
V. delle Pile
C.na Ander
C. Val Ca
C. delle Volte
1422
Piazzolo
1044
227
V. degli Egoli
I Docci
649
Tremos Val di
M. Zenone
1425
M.ga Pra di Toni
1037
Marai
Eremo di S. Michele
Tremosine-San Michele
218B
M.ga Zenone
1195
V. Pulsa
635
Serbatoio S. Michele (Staubecken)
V. Mughera
1272
C. Mughera
Riserva Naturale Valle di Bon
Valle S. Michele
577
Vesio
657
La Cocca
994
Valle Larga
La Bus

0 250 500m
Maßstab 1:35 000

3 Malcesine

Lago di Garda
Limone traghetto (Porto Nuovo)
Limone sul Garda
Campagnola
Tonini
Paragliding Club Malcesine
249
Morettine
Via Navene Vecchia
Pant
Via Panoramica
Via Prea
Prea
Faigolo
426
Ruina
Palazzina
Doss del Cus
139
Dumes
Via Faigolo
Bagni Paina
Carera
Via Paina
Via Gardesana
Castello di Scaligero
WC
Malcesine
89
Via Paier
S. Antonio
San Michele
La Rocchetta
Via Panoramica
Le Vignol
Campiano
Cor de Lore
Viale Roma
Via Creve
Via Sant'Antonio
Ciresuol
Lenzin
249
Via Panoramica
13
Bassa Via del Garda
Via Puri
Dosso Mago
391
Agriturismo S. Maggiore
Via Colombere
Via Dos del Pis
Doss del Pis
229
Garden Residence
Val di Castione
C. Beni Incolti
470
Caris
659
310
300
250
200
150
100
50
4

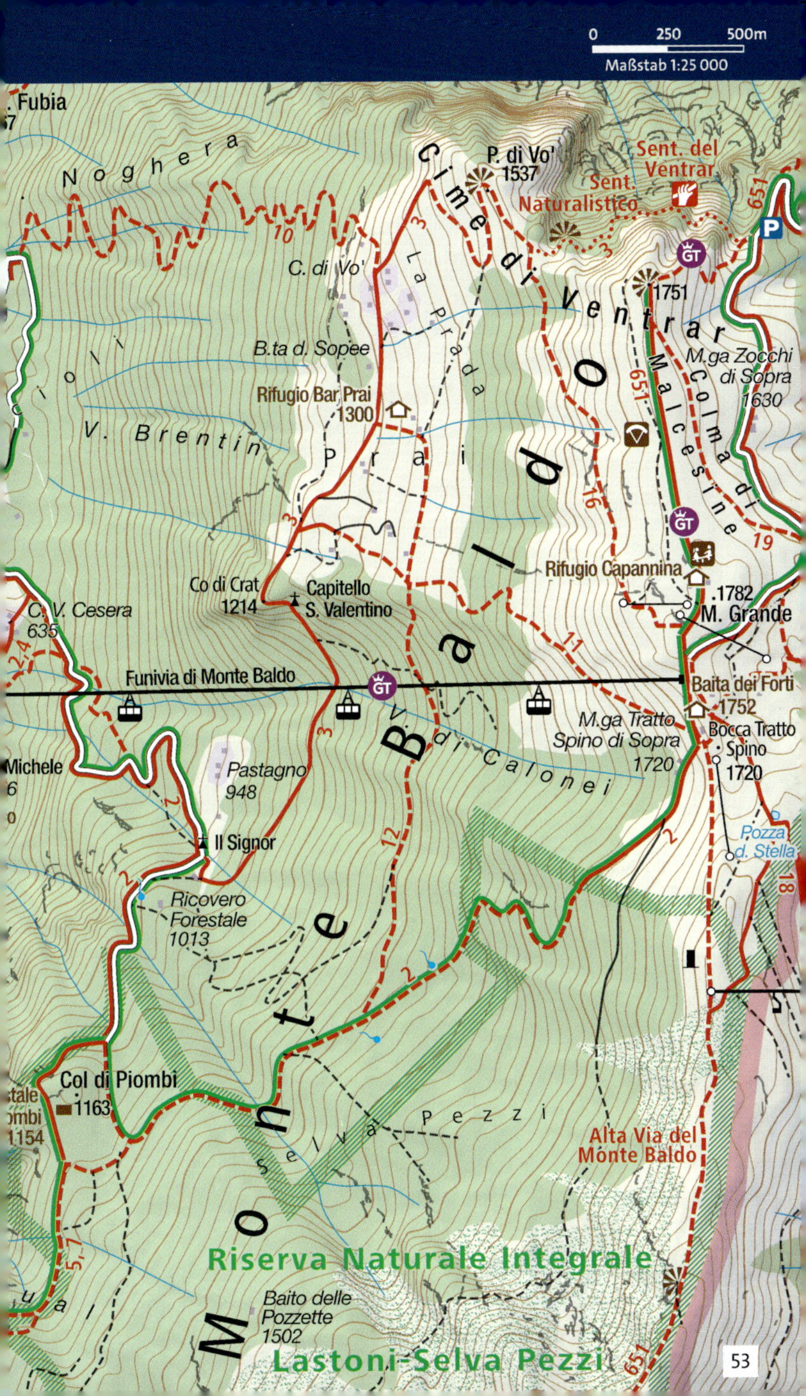
0 250 500m
Maßstab 1:25 000
Fubia
Noghera
Cime di Ventrar
P. di Vo'
1537
Sent. del Ventrar
Sent. Naturalistico
651
C. di Vo'
La Prada
1751
B.ta d. Sopee
Rifugio Bar Prai
1300
M.ga Zocchi di Sopra
1630
V. Brentin
Prai
Colma di Malcesine
Rifugio Capannina
Co di Crat
1214
Capitello S. Valentino
C. V. Cesera
635
1782
M. Grande
Funivia di Monte Baldo
Baita dei Forti
1752
M.ga Tratto Spino di Sopra
1720
Bocca Tratto Spino
1720
Michele
Pastagno
948
V. di Calonei
Il Signor
Pozza d. Stella
Ricovero Forestale
1013
Monte Baldo
Col di Piombi
1163
Selva Pezzi
Alta Via del Monte Baldo
Riserva Naturale Integrale
Baito delle Pozzette
1502
Lastoni-Selva Pezzi

4 Toscolano - Maderno

0 250 500m
Maßstab 1:35 000
M. Pizzocolo
1581
Persegno
Segrane
343
Cima Mezzane
514
Le Camerate
Mezzane
21
M. Castello di Gaino
866
Gaino-Castello
Nandrallo
Cresta Sud
Cresta Est
27
Sorgente
Acqua Salata
Valle delle Cartiere
20
Serva
Cervano
19
43
C.na Collini
27A
Covoli
174
Tuf
Scarpera
Via Mornaga
C.na Marcellina
V. della Prera
o di Seasso
11
27
Seasso
Cabiana
285
Via Mezzane
Santo Nero
Nespolo
Via Folino Cabiana
BVG
Via Rocca
Cecina
137
Cussaga
Vago
19
Via A. Del Sarto
Via Donatello
Pulciano
190
Via Cecina
Messaga
na Ortello
Sotto
6
di Sopra
Croce del
Ortello
625
Il Dosso
Maina
Gaino
274
San Michele
Via Statale Toscolano
B&B
Alpina
Sanico
339
Museo della
Carta
19
di Sotto
45bis
Porticciolo
Toscolano
Calcine
S. Martino
Cesura
Rosei
T. Toscolano
Via Trento
Porticciolo
Cartiera
26
Via Rosei
301
Vigole
Via Montemaderno
Via Cavour
Viale G. Marconi
Via C. Galilei
Toscolano-
65
-Maderno
Stina
88
Via Stat. Maderno
Via Promontorio
Toscolano
Maclino
Garberia
La Foce
Riviera
Promontorio
Maderno
Viale Ugo Foscolo
50
100
150
5bis
Via Lungolago Giuseppe Zanardelli
Bogliaco, Gargnano, Malcesine
Lago di Garda
Gardone - Gargnano, Malcesine
Torri d. Benaco
Gardone Riviera
Garda
Zanardelli
nico

5 Desenzano del Garda - Sirmione

0 250 500m
Maßstab 1:35 000
P.ta di Sirmione
Grotte di Catullo
P.ta Grotte
Lido delle Bionde
Manerba d. Garda (Porto Dusano)
S. Pietro in Mavino
Via Catullo
P.ta Staffalo
Villa Cortine
Terme Catullo Aquaria
Castello Scaligero
Garda
Sirmione
68
Via 25 Aprile
Villa Ansaldi
50
20
10
Colombare di Sirmione
73
Parco S. Vito
66
Via Lazzaretto
Via Salvo d'Acquisto
Via Colombare
Sirmione
Grada Village
Via Coorti Romane
San Francesco
Via G. Garibaldi
San Francesco
Oasi San Francesco
Via Brescia
78
Therme Virgilio
Castello di Rivoltella
V.la Lucchi
Via Francesco Agello
Via Todeschino
Via San Martino della Battaglia
Via Costantino il Grande
C.na Galapina
C.na Colombarola
V.la La Tassinara ex Villa Arrighi
Via Adriano
Via Salvo D'Acquisto
Scolo Gambedello
Via Ugo Foscolo
C.na Tese
Tassere
82
C.na Garbella
Sgreva
Via Tese
Via Cremaschina
C.na Quaine
C.na Rocchetta
Via Venezia
Innocenta
Le Moie
C.na Dusini
Via Colli Storici
Casello Bondoni
C.na Maiolo
C.na Bondoni

HÜTTEN UND ALMEN

BAITE E RIFUGI/ALPINE HUTS AND REFUGES

Für neuen Aufschwung/Per una nuova ripresa/For relaxation and recovery

Bewirtschaftungszeiten und Telefonnummern können sich kurzfristig ändern, daher bitte bei Bedarf Kontakt mit der Hütte aufnehmen.
Gli orari di attività e i numeri di telefono possono cambiare rapidamente, si prega pertanto di contattare la baita in caso di necessità.
Opening times and telephone numbers can change at short notice, so it is advisable to contact operators in advance.

Agriturismo Malga Ime
CD6
+39 349 0585446
www.agriturismo malgaime.it

Albergo Edelweiss
C6
+39 045 6289039
www.edelweiss-hotel.it

Albergo Garda
B2
+39 0464 598105
www.tremalzo.info

Alm Ciapa (Malga Ciapa)
B2
+39 0464 598501
www.alpedelgarda.it/de/alm-ciapa.php

Baita Genzianella
D5
+39 045 6247205
www.baitagenzianella.com

Restaurant Baita dei Forti
D3
+39 045 7400319
www.baitadeiforti.com

Rifugio Chierego

E1 = Planquadrat = bewirtschaftet = Übernachtungsmöglichkeit = Sommerbetrieb = Winterbetrieb
E1 = quadrato coordinate = in attività = pernottamento = esercizio estivo = esercizio invernale
E1 = Map square = Serves food = Accommodation = Open in summer = Open in winter

Rifugio Damiano Chiesa

Rifugio Altissimo Damiano Chiesa
D5
+39 0464 867130
rifugioaltissimoda.
wixsite.com/homepage

Rifugio Cedron
D5
+39 045 6247071
www.albergorifugio
cedron.it

Rifugio Chierego
C5
+39 045 5117875
www.rifugiochierego.com

Rifugio Cima Rest
B3
+39 338 8660577

Rifugio Fiori del Baldo
C5
+39 045 6862477

Rifugio Garibaldi
B2
+39 0464 598111

Rifugio Giorgio Pirlo allo Spino
A5
+39 365 651177
www.caisalo.it

Rifugio Graziani
D3
+39 0464 867005

Rifugio La Capannina
D3
+39 045 6570081
www.monte-baldo.it

Rifugio Malga Campei
D2
+39 339 2660030
www.rifugiocampei.it

Rifugio Malga Corva
B3
+39 333 7411846

Rifugio Monte Baldo
D4
+39 0464 391553
www.rifugiomontebaldo.it

Rifugio Novezzina
D5
+39 045 6247022
www.ortobotanico
montebaldo.org/rifugio

Rifugio degli Alpini Passo Nota
C2
+39 365 1985208
www.gruppoalpinivesio.it

Rifugio Telegrafo (Gaetano Barana)
C/D5
+39 045 7731797
www.rifugiotelegrafo.it

=unbewirtschaftet =keine Übernachtungsmöglichkeit =kein Sommerbetrieb =kein Winterbetrieb
= non in attività = nessun pernottamento = non attivo in estate = non attivo in inverno
= No food = No accommodation = Closed in summer = Closed in winter

IMPRESSUM/COLOPHON/IMPRINT

1. Auflage 2018 Verlagsnummer 102 ISBN 978-3-99044-396-5

Text/testo/text: Simone Schröder, Christian Schulze

Titelbild/Foto di copertina/cover picture: Aussicht auf Torbole/Vista di Torbole/View of Torbole (Foto: © Christian Schulze)

Bildnachweis/Crediti fotografici/Picture credits: S./p./p. 2: Gipfelsieg am Monte Misone/Trionfo in vetta sul Monte Misone/The summit on Monte Misone (Christian Schulze); S./p./p. 6/20/34 links/sinistra/left: MMOVE by Friends of Arco (Bergschule Mmove); S./p./p. 6/20/34 rechts/destra/right: Friedber/www.fotolia.com; S./p./p. 8/22/36 links/sinistra/left: Simone Schröder; S./p./p. 8/22/36 rechts/destra/right: Simone Schröder; S./p./p. 10/24/38 links/sinistra/left: Simone Schröder; S./p./p. 10/24/38 rechts/destra/right: Simone Schröder; S. 12/26/40 links/sinistra/left: Simone Schröder; S./p./p. 12/26/40 rechts/destra/right: Simone Schröder; S./p./p. 14/28/42 links/sinistra/left: Aquaria Thermal Spa – Terme di Sirmione; S./p./p. 14/28/42 rechts/destra/right: Simone Schröder; S./p./p. 16/30/44: Christian Schulze; S./p./p. 17/31/45: Christian Schulze; S./p./p. 18/32/46: Christian Schulze; S./p./p. 19/33/47: Christian Schulze; S./p./p. 58: Christian Schulze; S./p./p. 59: Christian Schulze; S./p./p. 60–61: Der Lago di Garda bietet viele schöne Strände/ Il Lago di Garda offre molte splendide spiagge/Lake Garda offers many beautiful beaches (Simone Schröder); S./p./p. 63: Simone Schröder.

Alle Angaben und Routenbeschreibungen wurden nach bestem Wissen gemäß unserer derzeitigen Informationslage gemacht. Die Wanderungen wurden sehr sorgfältig ausgewählt und beschrieben, Schwierigkeiten werden im Text kurz angegeben. Es können jedoch Änderungen an Wegen und im aktuellen Naturzustand eintreten. Wanderer und alle Kartenbenützer müssen darauf achten, dass aufgrund ständiger Veränderungen die Wegzustände bezüglich Begehbarkeit sich nicht mit den Angaben in der Karte decken müssen. Bei der großen Fülle des bearbeiteten Materials sind daher vereinzelte Fehler und Unstimmigkeiten nicht vermeidbar. Die Verwendung dieser Karte + Aktiv Guide erfolgt ausschließlich auf eigenes Risiko und auf eigene Gefahr, somit eigenverantwortlich. Eine Haftung für etwaige Unfälle oder Schäden jeder Art wird daher nicht übernommen. Für Berichtigungen und Verbesserungsvorschläge ist die Redaktion stets dankbar. Korrekturhinweise bitte an folgende Anschrift:

Tutte le indicazioni e le descrizioni dei percorsi sono state rese secondo le migliori conoscenze disponibili al momento della trasmissione delle informazioni. Le escursioni sono state selezionate e descritte in modo molto accurato, le difficoltà sono brevemente indicate nel testo. Possono tuttavia verificarsi cambiamenti alle strade e allo stato della natura del momento. Gli escursionisti e coloro che utilizzano le cartine devono tenere presente che, per via delle costanti modifiche, le condizioni delle strade dal punto di vista dell'agibilità possono non coincidere con le indicazioni della cartina. Con la grande quantità di materiale elaborato non risulta dunque possibile evitare errori e discrepanze. L'uso della presente guida avviene esclusivamente a proprio rischio e pericolo, pertanto sotto la propria responsabilità. È esclusa qualsiasi responsabilità per eventuali incidenti o danni di qualunque tipo. La redazione accetta sempre con piacere correzioni e proposte di miglioramento. Le segnalazioni al riguardo sono da inviare al seguente indirizzo:

All information and route descriptions contained in this publication have been provided to the best of our knowledge, in accordance with the information available to us at the time of publication. The hikes have been carefully selected and described, accompanied by a brief outline of the level of difficulty in the text. Nonetheless, the trails or nature conditions may be subject to change. Hikers and all map users are therefore advised to take into account that due to constantly changing trail conditions, accessibility encountered may not always be compatible with the information provided in the hiking guide. Furthermore, due to the abundance of information provided, minor errors and discrepancies may occur. The use of this + Active Guide is at your own risk, at your own peril. The user therefore agrees to accept sole responsibility. No liability shall be assumed for any accident or damage of any kind as a result. The editorial office welcomes any corrections or suggestions for improvement. Please send your suggestions to the following address:

KOMPASS-KARTEN GMBH
Karl-Kapferer-Straße 5, A-6020 Innsbruck
www.kompass.de/service/kontakt